THÈSE

POUR LE DOCTORAT

LYON. — IMPRIMERIE DE J. B. PÉLAGAUD.

FACULTÉ DE DROIT D'AIX

DE

LA SOLIDARITÉ

en Droit Romain et en Droit Français.

THÈSE
POUR LE DOCTORAT

PAR

Adolphe RIEUSSEC

Avocat près la Cour d'Appel de Lyon.

LYON

IMPRIMERIE DE J. B. PÉLAGAUD

Rue Sala, 58.

1874

FACULTÉ DE DROIT D'AIX

DE

LA SOLIDARITÉ

en Droit Romain et en Droit Français.

THÈSE
POUR LE DOCTORAT

PAR

Adolphe RIEUSSEC

Avocat près la Cour d'Appel de Lyon.

LYON

IMPRIMERIE DE J. B. PÉLAGAUD

Rue Sala, 58.

1874

DROIT ROMAIN

NOTIONS GÉNÉRALES

Les Institutes définissent ainsi l'obligation : *Obligatio est juris vinculum, quo necessitate adstringimur alicujus solvendæ rei, secundum nostræ civitatis jura.* Toute obligation suppose donc deux personnes placées l'une en face de l'autre, un créancier et un débiteur.

Mais il peut arriver que cette relation juridique s'établisse entre plusieurs créanciers et plusieurs débiteurs : Mœvius et Sempronius promettent 100 à Titius, ou, *vice versâ*, Mœvius et Sempronius sont créanciers de Titius de la même somme de 100. Quel sera alors le droit des différents créanciers et l'obligation des différents débiteurs ? Dans le doute, si les parties n'ont point manifesté leur intention, on présume qu'il y a obligation conjointe : il devra y avoir, par conséquent, autant de prestations que de personnes. (Loi 11, § 1, *De duob. reis*, 45, 2.) C'est là le cas ordinaire.

Mais il peut aussi arriver que, parmi plusieurs stipulants, un seul ait le droit d'exiger toute la somme, ou que, parmi plusieurs promettants, un seul puisse être actionné en paiement de la dette entière, de telle sorte, cependant, que les 100 sous d'or ne puissent être exigés qu'une fois. Dans cette hypothèse, l'obligation, au lieu d'être conjointe, devient solidaire, ou plutôt corréale. Les expressions romaines qui indiquent ce rapport juridique sont celles de *duo rei* (Rubrique du titre du Digeste, l. XLV, t. 2, *De duobus reis constituendis*) ; et comme c'était la stipulation qui engendrait la corréalité, on désignait les créanciers et les débiteurs solidaires, par ces expressions : *Duo rei stipulandi, duo rei promittendi ;* ou *correi credendi et debendi*, d'où le nom d'obligation corréale. Toutefois, ces mots ne se rencontrent que dans un seul texte, la Loi 3, § 3, *de liber. leg.* (34, 3). (Savigny, *du Dr. des Oblig.*, t. I, 2ᵉ édit., p. 154.)

L'expression *reus* désigne dans son expression la plus large toute personne qui figure, soit dans un procès, soit dans un acte extra-judiciaire : *ii quorum de re agitur ;* c'est l'équivalent du mot partie en droit français ; on l'applique pourtant plus spécialement au défendeur, par opposition au mot *actor*, qui désigne le demandeur : *exceptio actorem excludit, replicatio reum*. (Ulpien, L. 2, § 2, 44, 1.) En matière d'obligation, *reus* désigne aussi plus spécialement le débiteur ; on peut citer plusieurs textes où cette expression est prise dans ce sens restreint ; Festus nous dit notamment : *Reus nunc dicitur..... qui quid promisit, spopondilve ac debet.*

CHAPITRE PREMIER

SECTION PREMIÈRE.

CARACTÈRES DISTINCTIFS DE L'OBLIGATION CORRÉALE.

Ce qui caractérise l'obligation corréale, c'est l'unité d'action ; il en résulte que s'il y a plusieurs *rei credendi* ou *promittendi*, l'obligation est complètement éteinte par le paiement que reçoit l'un des *correi credendi*, ou qu'effectue l'un des *correi promittendi*.

Cette unité d'action découle du principe général, constitutif de la corréalité, l'unité d'objet : *In utroque obligatione una res vertitur.* (Inst. l. III, t. 16, § 1.) Ainsi, malgré le nombre des *correi*, il n'y a toujours, au point de vue objectif, qu'une seule obligation ; c'est ce qu'indique Javolenus dans la Loi 2 du titre *de duobus reis* au Digeste, l. XLV, t. 2. Ce principe d'unité d'objet se rattache, comme nous le verrons plus tard, à la forme essentielle pour la constitution de la corréalité.

Mais, si au lieu de considérer l'obligation au point de vue de l'objet, on considère le contrat sous le rapport des personnes qui sont les sujets actifs ou passifs du droit, si l'on se reporte surtout à l'idée de relation juridique, on reconnaîtra qu'il y a autant de liens que de costipulants ou de copromettants (Papinien, Dig., l. LXV, t. 2, Loi 9, § 2, et Venul. Dig. l. LXV, t. II, loi 13); par conséquent, l'obligation peut exister sous des modalités différentes, relativement à chacun des *correi* : l'un, par exemple, peut être obligé sous condition, l'autre purement et simplement, etc. (Dig. Loi 7, *de duob. reis* et Inst. l. III, t. 16, § 2.)

Ce qui permet de concevoir dans l'obligation corréale tout à la fois plusieurs créanciers et une seule créance, c'est que l'obligation flotte pour ainsi dire incertaine entre tous les créanciers, jusqu'à ce que l'un d'eux, en prévenant les autres, la fixe sur lui comme s'il eût seul stipulé, et s'en rende le seul et unique maître; c'est ce que la Loi 31, § 1, Dig., l. LXVI, t. 2, exprime en ces termes : *Unumquemque perinde sibi adquisisse ac si solus stipulatus esset; excepto eo, quod etiam facto ejus, cum quo commune jus stipulantis est, amittere debitorem potest.* (Molitor, *des Oblig. Par.*, 256, § 2.) C'est de ce principe que découlent les effets soit de la corréalité active, soit de la corréalité passive.

Aussi, l'obligation corréale présente-t-elle deux caractères différents, suivant qu'on l'envisage au point de vue objectif ou subjectif : « Ces deux principes, qui se complètent l'un par l'autre, servent à expliquer rationnellement les règles de ce genre d'engagement. On peut donc définir la corréalité, « une obligation dont l'objet est un, dû une seule fois, par plusieurs débiteurs ou à plusieurs créanciers, ou encore une modalité de l'obligation, consistant dans la pluralité des sujets actifs ou

— 5 —

passifs, avec unité d'objet dû à tous et par tous, mais une seule fois. » On en peut déduire, en somme, que toute cause de nullité ou de dissolution qui portera sur l'objet même (*in rem*), annulera ou dissoudra toutes les obligations; tandis que celles relatives exclusivement à telle ou telle personne, ne produiront d'effet qu'à l'égard de l'obligation concernant cette personne. » (Ortol. *Expl. des Inst.*, t. 3, § 1272, 2° éd.) C'est ainsi que, du principe que l'obligation est une quant à l'objet, résultent les conséquences suivantes : Le paiement fait par le débiteur à l'un des créanciers le libère envers tous, et le paiement fait au créancier par l'un des débiteurs libère les autres; car le paiement est un mode d'extinction des obligations qui porte sur l'objet, et ce qui est vrai du paiement, l'est également de tous les autres modes d'extinction *in rem*. (Inst., l. iii, t. 16, § 1, *de duob. reis.*)

Du principe, au contraire, qu'il y a au point de vue des personnes plusieurs obligations, découle que la diminution de tête de l'un des débiteurs, par exemple (Dig., l. xlv, t. 2, Loi 19), ou le pacte de remise fait en faveur d'un seul des copromettants, laisseront subsister l'obligation des autres *correi* (Dig., l. ii, t, 14, Loi 21, § 5 *de Pactis* et lois 25 et 27). Nous expliquerons, du reste, cette question en détail, au chapitre : *Des modes d'extinction de l'obligation corréale.*

Disons en finissant l'étude des caractères de la corréalité, qu'il arrive souvent qu'elle se combine avec la société, mais ce n'est là qu'un événement accidentel (Loi 34, *de receptis*, l. iv, t. 8, et Loi 10 *de d. reis*, l. lxv, t. 2); de même l'existence d'une société n'entraine pas l'existence de l'obligation corréale. (Loi 12, Code, *si certum*, l. iv,

1. 2.) Pour combiner ces deux rapports de droit, il faut la volonté des parties. (Savigny, du *Dr. des Oblig.*, p. 158, 2ᵉ édit.)

SECTION DEUXIÈME.

DIFFÉRENCE ENTRE L'OBLIGATION CORRÉALE ET L'OBLIGATION SOLIDAIRE.

Jusqu'ici, nous n'avons parlé que de l'obligation corréale. Il nous faut étudier maintenant une obligation qui s'en rapproche, et qui ne doit pourtant pas être confondue avec elle : c'est l'obligation indiquée par ces mots *in solidum*, et que nous appellerons simplement solidaire comme M. de Vangerow, ou, pour abréger, solidaire comme M. Demangeat. Quelques auteurs emploient des expressions différentes; c'est ainsi que M. de Savigny désigne l'obligation corréale par ces mots *solidarité véritable*, et l'obligation solidaire par ceux-ci : *solidarité apocryphe.*

Les expressions *in solidum*, employées dans les différents textes où il y a obligation solidaire, en indiquent le caractère le plus saillant, c'est-à-dire que chaque copromettant peut être poursuivi pour le tout; mais elles ne correspondent nullement à l'expression française solidairement, qui indique chez nous une classe d'obligations déterminées, ayant des règles précises. Dire à Rome que des débiteurs sont tenus *in solidum*, c'est exprimer une situation qui peut se présenter dans maintes circonstances, et non pas désigner une catégorie d'obligations.

Ainsi, par exemple, un fils de famille s'est obligé envers moi *ex contractu:* comme il est obligé civilement, à la différence d'un esclave, je puis le poursuivre (Inst. § 6, *de inutil. stipul.*, l. III, t. 19); je puis aussi attaquer le père, mais tandis que ce dernier ne sera tenu que *duntaxat de peculio*, le fils sera tenu *in solidum*. (Loi 44 *de Pecul.*, l. xv, t. 1.)

De même, dans le cas où des *colutores* administrent en commun, ils ne sont, en général, responsables chacun que pour partie; mais ils deviennent obligés *in solidum*, s'ils ont été négligents.

Il peut aussi y avoir lieu à obligation *in solidum*, dans le cas de vol, lorsque plusieurs personnes sont tenues d'une action pénale unilatérale; dans le cas de dépôt, lorsqu'on donne une chose à garder à plusieurs personnes, sans convention de corréalité; de même encore, lorsque plusieurs commodataires ou locataires reçoivent une chose, ils sont tenus *in solidum* de la restituer. (Savigny, du *Dr. des Oblig.*, 2ᵉ éd., pag. 219.)

Citons enfin, comme dernier exemple d'obligation *in solidum*, le cas où un esclave a commis un délit *sciente domino*. (Loi 2 *de nox. Act.*, l. IX, t. 4.)

Dans toutes les espèces que nous venons d'examiner, ces débiteurs *in solidum* ne doivent nullement être assimilés aux *correi promittendi*, car il n'y a qu'un seul point de ressemblance entre l'obligation solidaire et l'obligation corréale; dans l'une comme dans l'autre, le paiement fait par l'un des débiteurs libère les autres; elles diffèrent, au contraire, en un point capital. Dans la corréalité, il n'y a qu'une obligation, tandis que dans l'obligation *in solidum*, il y en a autant que de débiteurs, bien que le créancier ne puisse se faire payer qu'une fois.

Il en résulte que les débiteurs solidaires, contrairement à ce qui a lieu pour les *correi*, ne sont point libérés par les modes d'extinction des obligations qui ne désintéressent pas complètement le créancier, par la transaction, par exemple; la prescription interrompue contre l'un des débiteurs ne le sera pas contre les autres; la *litis contestatio* enfin, qui éteint le droit entier du créancier, lorsqu'elle intervient dans un procès où les débiteurs sont *correi*, le laisse subsister au contraire vis-à-vis des débiteurs qui n'ont point figuré dans l'instance, si l'obligation n'est que solidaire.

D'après M. Demangeat, une dernière différence existerait entre l'obligation corréale et l'obligation solidaire : dans la corréalité, l'action du créancier contre les codébiteurs serait toujours une *condictio;* dans le cas de simple *solidarité*, ce serait une action *bonæ fidei*. (*Contrà* Savigny.) Nous examinerons plus loin cette délicate question.

Disons, pour terminer cette comparaison, que la distinction entre ces deux espèces d'obligations, n'apparaît qu'autant qu'il s'agit de débiteurs : « L'obligation *in so-* « *lidum*, dit en effet de Savigny, ne se présente jamais « qu'à l'égard de plusieurs débiteurs (passivement). » (Du *Dr. des Oblig.*, 2ᵉ éd., page 218.) Cela tient à ce que chez les Romains la modalité qui nous occupe se rencontrait bien plus souvent du côté des débiteurs que du côté des créanciers; en effet, entre débiteurs elle facilite et assure au créancier le recouvrement; entre créanciers, au contraire, il est un mandat incommode, parce qu'il est irrévocable ; cela tient aussi à ce que les conséquences de la corréalité étant moins choquantes quand il s'agit de plusieurs débiteurs que de plusieurs créanciers, on n'a pas cru nécessaire de créer une solidarité moins rigoureuse que la corréalité (Demangeat).

L'obligation indivisible peut, moins encore que l'obligation solidaire, être confondue avec l'obligation corréale : l'indivisibilité est en effet une qualité réelle de l'obligation, se transmettant aux héritiers des débiteurs et à leurs cessionnaires, tandis que la corréalité est une qualité personnelle provenant du fait des débiteurs ou des créanciers, et qui ne s'étend pas à leurs héritiers.

CHAPITRE DEUXIÈME

Sources des Obligations corréales et solidaires.

SECTION PREMIÈRE.

SOURCES DE L'OBLIGATION CORRÉALE.

Dans la Loi 9, au Digeste liv. XLV, tit. 2, Papinien s'exprime ainsi : *Eamdem rem apud duos pariter deposui, utriusque fidem in solidum secutus; vel eamdem rem duobus similiter commodavi fiunt duo rei promittendi; quia non tantùm verbis stipulationis, sed et cæteris contractibus, veluti emptione, venditione, locatione, conductione, deposito, commodato, testamento; uiputa si, pluribus hæredibus institutis, testator dixit : Titius et Mævius Sempronio decem dato.*

Il résulte de ce texte que la corréalité peut provenir soit d'un contrat, soit d'un quasi-contrat. D'après M. de Savigny, elle pourrait aussi être créée par une décision judiciaire; nous verrons plus loin ce qu'il faut penser de cette opinion.

§ 1. — *Des Contrats de droit strict.*

De la Stipulation.

Si la stipulation n'est point la source unique d'où naît l'obligation corréale, elle n'en est pas moins la source la plus importante; de même qu'elle est la base à Rome des relations juridiques.

Nous trouvons au livre III, titre 17, *de duobus reis* (Inst.), la forme à suivre pour créer des *correi stipulandi*. Primus et Secundus veulent-ils être créanciers de Tertius pour dix sous d'or; Primus interroge le débiteur, puis, avant que ce dernier ne se soit lié envers lui par sa réponse, Secundus l'interroge à son tour, et ce n'est qu'après les deux interrogations que Tertius doit répondre : *Utrique vestrum dare spondeo*; car s'il répondait à Primus, sans attendre l'interrogation de Secundus, il y aurait deux obligations distinctes : *Nam si, prius Titio spoponderit deinde alio interrogante spondeat, alia atque alia erit obligatio, nec creduntur duo rei stipulandi esse.* (Inst. *de duob. reis.*)

Si, au contraire, on veut créer des *rei promittendi : Duo pluresve rei promittendi ita fiunt Mœvi quinque aureos dare spondes? Sei, eosdem quinque aureos dare spondes? Si respondeant singuli separatim spondeo* (Inst. l. III, t. 10). Dans la stipulation, l'existence de la corréalité dépend donc de la manière dont se font les demandes et les réponses; il faut, de plus, qu'il y ait *congruitas* entre les paroles employées dans l'interrogation et les réponses, bien qu'il soit indifférent toutefois si l'on est interrogé en ces termes : *spondetis*, de répondre : *spondeo* ou *spondemus* (Loi 4 *de duob. reis*). Les Instit. (§ 1 in fine *de verb. Oblig.*) nous disent que depuis l'empereur Léon la *congruitas* n'eut plus besoin d'exister entre les paroles employées de part et d'autre. (Loi 10, Code *de Contrah. et comitt. stipul.* 8, 38.)

Venuleius nous dit encore, dans la loi 137, *de verb. Oblig.* (l. XLV, t. 1), que la stipulation et la promesse doivent être faites sans interruption, sauf à permettre un intervalle nécessaire (*ut tamen aliquid momentum naturæ intervenire possit*). La personne interrogée doit donc répondre immédiatement, sans s'occuper d'une autre affaire; car, répondit-elle ensuite le même jour, l'obligation ne se formerait pas : *Si post interrogationem aliud acceperit, nihil proderit, quamvis eadem die spopondisset.* Dans la Loi 12, l. XLV, t. 2, Venuleius applique la même règle à l'obligation corréale, c'est-à-dire que, si on interroge deux personnes, et que l'une ne réponde que le lendemain, il n'y aura pas *duo rei promittendi*, mais celui qui aura répondu immédiatement sera seul obligé. Dans la Loi 6, § 3 (*de duob. reis*), Julien, qui reproduit le même principe, nous cite, comme exemple de ces actes qui peuvent être faits entre les réponses de deux promettants, la fidéjussion intervenant pour les cautionner tous deux, ou pour cautionner l'un d'eux seulement ; et cette décision de Julien se trouve commentée par Voët en ces termes : *Sed etsi modicus actus, qui modo obligationi contrarius non sit, interveniat inter duorum promissionem, nihil impedit, quominùs duo rei sint; sicut, si fidejussor inter duorum reorum responsa interrogatus responderit, videri possit non impedire obligationem reorum; quia nec longum spatium interponitur nec is actus obligationi contrarius est.*

Nous venons de voir dans les Institutes la forme à suivre pour créer la corréalité soit activement, soit passivement ; on peut pourtant se demander si la forme indiquée au livre iii, titre 16, est absolument nécessaire, pour constituer les *correi stipulandi aut promittendi* ; ne doit-on la considérer, au contraire, que comme la plus usuelle, et décider qu'il pourrait, par exemple, y avoir corréalité passive, lors même que la réponse à la première interrogation précéderait la seconde interrogation du moment que la volonté de constituer *duo rei* serait exprimée *verbis*. Plusieurs interprètes, entre autres Vinnius dans son Comm. des Instit., Pellat à son cours, de Vangerow, sont de cet avis : *Hoc tamen*, dit Vinnius, *non ita præcisè accipiendum est, quasi duo rei stipulandi ita nunquam constitui intelligantur, cum singulis separatim respondet : nam utique si hoc actum appareat, ut duo rei stipulandi fiant, quominùs fiant, non putarem obstare hanc respondendi formam : sicut ex converso non obstat, quominùs duo rei promittendi fiant, si hoc actum sit, quod singuli separatim rogati sunt et spoponderunt.* De Vangerow (l. iii, § 563), soutient ce système en se fondant surtout sur la Loi 3 d'Ulpien, au titre *de duobus reis* (Dig. 45, 2): Ulpien, dans ce texte, suppose évidemment, dit-il, que Secundus est interrogé et répond alors que Primus a déjà été interrogé et a répondu, car autrement il deviendrait inutile de dire qu'il n'y a pas *animus novandi ;* car la forme essentielle pour nover ferait défaut.

Nous pensons, au contraire, avec M. Demangeat, que Justinien a posé une règle impérative dans les Institutes, et nous ne voyons nullement une objection à notre doctrine dans la Loi 3. Ulpien ne suppose pas, en effet, qu'il y a eu des interrogations et des réponses successives, il prévoit l'hypothèse où Tertius a interrogé Primus et Secundus simultanément : *Prime et Secunde eosdem decem dare mihi spondetis ?* S'ils ont répondu tous deux immédiatement *spondemus*, ils seront *correi ;* mais dans le cas où Primus ayant répondu *spondeo*, Secundus a tardé quelque temps à faire la même réponse : *Parvi refert*, dit Ulpien, *simul spondeant, an separatim promittant, cum hoc actum inter eos sit ut duo rei constituantur, nec ulla novatio fiat.* Et il n'est pas vrai de dire que l'interprétation que nous donnons de la Loi 5 soit erronée comme l'a soutenu M. de Vangerow, par le motif qu'elle ne donne point l'explication des mots *neque ulla novatio fiat.* Il pourrait très-bien, en effet, y avoir novation, si l'*animus novandi* ne faisait pas défaut, et Secundus, au moment où son obligation se forme, jouerait le rôle d'*expromissor* relativement à Primus. (Analogie avec la Loi 8 , § 2 , l. xlvi, t. 2, *de novat.*) (Demangeat, *des Oblig.*, page 103.)

M. de Vangerow invoque encore à l'appui de son opinion, un argument tiré de l'analogie existant entre un *correus promittendi* et un *fidejussor :* un *fidejussor*, dit-il, peut accéder après coup à l'obligation principale : *fidejussor et præcedere obligationem et sequi potest.* (Instit. de *fidej.* § 3 , l. iii , t. 20); or , pourquoi un deuxième débiteur ne pourrait-il pas venir se joindre aussi après coup à un premier , de manière à constituer avec lui *duo rei promittendi ?* Nous répondrons que cette différence entre le *fidejussor* et le *correus* tient à ce que le premier est un débiteur accessoire , tandis que le second est un débiteur principal. Pourquoi, du reste, s'étonner de ce que les formes pour créer la corréalité et la fidéjussion soient différentes , alors que les rapports juridiques qu'elles font naître diffèrent profondément.

Un dernier argument contre notre système, tiré de la Loi 7, § 1 *de auct. et cons. tut.* (26, 8), n'a pas plus de valeur que les précédents ; car ce texte s'explique et concorde avec notre opinion, si on en précise le sens, en le rapprochant de la Loi 5 qui a une origine commune (livre xl du *Comm.* d'Ulpien sur Sabinus), et où se trouve exprimée cette idée : *Pupillus obligari tutori eo auctore non potest.* Le *principium* de notre Loi 7 indique un tempérament à la règle : *Quod dicimus, in rem suam auctoritatem accommodare tutorem non posse, toties verum est quoties per semet vel subjectas sibi personas adquiritur ei stipulatio...* De même, en sens inverse, le § 2 décide que la règle ne cessera pas de s'appliquer par cela seul que celui qui stipule et celui qui autorise seraient deux personnes distinctes, si elles sont sous la puissance l'une de l'autre. Or, nous pensons que le § 1, ainsi placé entre des décisions relatives à l'application de la règle : *Tutor auctor esse non potest in suam causam,* doit indiquer, en vue d'un cas particulier, la combinaison de cette règle avec le principe que, quand un pupille a plusieurs tuteurs, l'autorisation d'un seul suffit quelquefois.

Ainsi entendue, la Loi 7 cadre parfaitement avec la règle posée aux Institutes (Pr. *de duobus reis*) ; aussi n'hésitons-nous pas à décider que la corréalité ne peut résulter de la stipulation que si l'on suit les formes indiquées par Justinien (l. iii, t. 16).

Ajoutons que lorsque ces formes ont été observées, la corréalité a lieu de plein droit, sans qu'il soit besoin qu'elle ait été exprimée (Pr. *de duobus reis* Inst. et Loi 4, Dig. *de duobus reis*). Toutefois, il est des auteurs (Domat. *Legum delectus,* l. xlv, tome 2, note sur la Loi 8) qui ont cru pouvoir soutenir le contraire , en s'appuyant sur ces mots de la Loi 11, § 1 (*de duobus reis*) : *Neque adjectum ita ut duo rei stipulandi essent*. Telle n'est point la vraie interprétation de ce texte où Papinien ne traite qu'une question de preuve; si la corréalité n'existe pas ici, c'est que les *tabulæ* ne sont pas assez explicites , et qu'il est douteux que l'on ait suivi dans la stipulation les formes prescrites aux Institutes.

De l'Expensilatio.

La stipulation est certainement la forme employée ordinairement pour établir la corréalité; mais faut-il décider qu'elle peut également être établie au moyen de l'*expensilatio* et du *mutuum*? La plupart des jurisconsultes l'ont pensé et ne s'en sont point tenus aux termes de la Loi 9 *de duobus reis;* s'il n'y a pas en effet de textes qui le disent expressément, il en est du moins qui le supposent. Aussi, Cujas dit-il dans son Comm. de la Loi 9, in lib. xxvii, *Quæst.* Papin.: *Et adamus, etiam constitui duos reos nominib. factis obligatione nominis, qua dicebatur contrahi apud argentarios. Et Voët de son côté s'exprime ainsi dans son Comm. du titre *de duob. reis*, § 3 : *Etsi vero ut plurimum duo rei debendi vel credendi stipulatione constituuntur, tamen ex aliis contractibus veluti mutuo, emptione, etc.*

Nous déciderons donc que, si deux Romains portaient un tiers sur leurs registres domestiques comme leur débiteur pour une même dette après avoir obtenu son consentement, cette *expensilatio* produirait le même effet que s'ils étaient devenus *duo rei* par stipulation. C'est ce qui résulte de plusieurs textes qui mettent sur la même ligne plusieurs *rei stipulandi* ou *promittendi*, et plusieurs *argentarii quorum nomina simul eunt* (Lois 9 *de pactis* Dig. 2, 14 et 34 *de receptis*, l. IV, t. 8). Ces textes, il est vrai, ne parlent de l'obligation corréale naissant du contrat *litteris* qu'à propos des *argentarii*; mais il ne faut pas nous en étonner, puisque sous Justinien, les obligations littérales n'étaient plus en usage que parmi eux. Le principe, que Paul applique aux *argentarii* dans les lois précitées, doit donc être transporté, pour une époque plus reculée, à tous les Romains, car il dérive de l'*expensilatio* et non de l'industrie des *argentarii* (Savign. *du Droit des Oblig.*, § 17 B.)

Il importe de remarquer que la décision de la Loi 9 *de pactis* est indépendante de l'existence d'une société ; dans l'espèce prévue par la loi 34 *de receptis*, il pourra bien y avoir société ; mais, qu'elle existe ou qu'elle n'existe pas, il y aura, de l'avis de Paul, corréalité entre les *argentarii.*

Quant à la forme à employer pour créer la corréalité *litteris*, nous en sommes réduits aux conjectures, du moment où il n'existe pas de textes qui nous l'indiquent d'une manière précise comme pour la stipulation ; mais il est naturel de penser que l'on devait faire sur les registres (*nomina*) des mentions exprimant que la dette existait au profit ou à la charge de plusieurs. Ainsi, au point de vue actif, *Primus*, l'un des créanciers, devait écrire sur son registre : *Expensum Titio eadem centum quæ asecundo expensa lata sunt*, et au point de vue passif : *Expensum Titio centum, expensum Mœvio eadem centum.*

Du Mutuum.

Une obligation corréale peut-elle naitre d'un pacte joint au *mutuum* à la charge de plusieurs emprunteurs d'une même somme ou d'une même quantité?

En ce qui concerne le droit de Justinien, et même le droit de la fin du troisième siècle, l'affirmative n'est pas douteuse; on trouve en effet trois Constitutions des empereurs Dioclétien et Maximien qui sont parfaitement explicites (Lois 5, 9 et 12, au Code *si certum pet.* l. iv, t. 2).

Mais il y a controverse sur le point de savoir si cela était déjà possible à l'époque des jurisconsultes classiques. Quelques auteurs, parmi lesquels Pellat, croient que la corréalité était incompatible à cette époque avec l'obligation *re* du *mutuum* : Comment, dit-on, en prêtant 100 sous d'or à Titius et Sempronius, exiger qu'ils s'engagent de manière que tous deux soient *duo rei promittendi*. Cette argumentation parait au premier abord concluante, pourtant l'on fut toujours à Rome d'une extrême facilité pour supposer dans les prêts d'argent l'accomplissement de la tradition, ce qui a fait dire à Ulpien dans la Loi 5 au Digeste (l. xii, t. 1) : *Singularia quædam recepta sunt circà pecuniam creditam.*

Aussi, ce premier système n'a-t-il pas prévalu, et il faut décider, comme l'ont fait MM. Demangeat et de Savigny, que l'obligation corréale peut naitre à la suite d'un *mutuum* : la Loi 5 ne nous permet-elle pas de dire qu'il suffit que l'argent ait été livré à un seul, pour que d'autres soient censés l'avoir reçu, du moment que le versement aura été fait avec leur consentement ? Arrivant à des arguments de textes, nous pouvons revendiquer à l'appui de notre opinion la Loi 7 *de reb. cred.* l. xii, t. 1, où est formulé ce principe : *Omnia quæ inseri stipulationibus possunt, eadem possunt etiam numerationi pecuniæ et ideò et conditiones.* Et aussi la Loi 71 *de fidej.* l. xlvi, t. 1, ainsi conçue : *Granius Antoninus, pro Julio Pollione et Julio Rufo pecuniam mutuam accipientibus, itu ut duo rei ejusdem debiti fuerint, apud Aurelium Palmam mandator exstitit.*

Il est vrai que nos adversaires voudraient, rapprochant de la Loi 71, la Loi 4 au Code de *d. reis,* l. viii, t. 40, sous-entendre ici une stipulation. Mais rien ne vient justifier une pareille assertion, du moment où la constitution qui forme la Loi 4 est d'une époque où un simple pacte suffisait! En admettant même que cette Loi ne reproduit pas une innovation, elle ne doit pas être invoquée contre nous, car elle vise le cas tout spécial où, le prêt ayant été fait à une seule personne, on a voulu rendre *correi* des personnes qui n'avaient pas été parties au *mutuum*; tandis qu'une stipulation eût été inutile, si tous ceux que l'on voulait rendre *correi* eussent été emprunteurs.

On nous oppose encore qu'un pacte *in continenti* ne peut aggraver la position d'un emprunteur, ainsi que cela résulte de ce fragment de Paul : *Si tibi decem dem, et paciscar ut viginti mihi debeantur, non nascitur obligatio ultra decem; re enim non potest obligatio contrahi, nisi quatenus datum sit.* (Loi 17 *de pactis* l. ii, t. 14 et Loi 11, § I *de reb. cred.* l. xii, t. 1). Mais c'est à tort qu'on invoque ces deux textes, qui prévoient une hypothèse toute différente de celle que nous examinons : nous ne prétendons pas, en effet, qu'un prêteur de 10 puisse acquérir une créance de plus de 10; ce que nous prétendons seulement, c'est qu'ayant donné 10 à deux personnes, ce qui revient à dire que chacune a reçu 5, il pourra recourir contre l'une ou l'autre pour 10; il n'y a là aucune aggravation, car le débiteur qui peut craindre d'avoir à payer la somme entière, court aussi la chance de ne rien payer du tout. « La corréalité, dit M. Demangeat, considérée en elle-même, et abstraction faite des rapports particuliers qui peuvent exister entre les *correi*, ne constitue donc pas purement une aggravation de position pour les débiteurs; le pacte qui l'établit crée pour chacun une chance à courir. » *(Des Oblig. solid.,* page 166.)

§ II. — *Des Contrats de bonne foi.*

Dans la Loi 9, au titre de *duobus reis,* Papinien s'exprime en ces termes : *Eamdem rem apud duos pariter deposui, utriusque fidem in solidum socutus; vel eamdem rem duobus similiter commodavi : Fiunt duo rei promittendi; quia non tantum verbis stipulationis, sed et cæteris contractibus veluti emptione, venditione, locatione, conductione, deposito, commodato, testamento, etc.*

Il résulte de ce texte qu'au dire de Papinien les contrats de droit strict ne sont pas les seuls qui puissent créer la corréalité; et qu'elle peut naître aussi de certains contrats de bonne foi. Aussi Voët, dans le § 3 du Comm. *de duobus reis,* dit-il : *Etsi vero ut plurimum duo rei debendi vel credendi stipulatione constituuntur, tamen et aliis contractibus, veluti mutuo, emptione, locatione, de-*

*posito, commodato, similibusque atque etiam ultimis volun-
tatibus, id fieri posse, dubium vix est.*

La formation du rapport de corréalité par stipulation
(et par contrat littéral), dit M. de Savigny, était peut-
être seule pratiquée à une époque très-reculée; mais
déjà, du temps des jurisconsultes classiques, on admettait comme règle incontestable que ce rapport pouvait
prendre naissance dans les contrats *bonæ fidei*, par une
simple convention, par conséquent sans stipulation (de
Savig. *du Droit des Oblig.* § 17 C).

Il est donc constant, d'après le texte de la Loi 9, que
la corréalité peut naître des contrats de bonne foi, lorsqu'on y ajoute un pacte qui l'établit formellement; c'est
là, du reste, une conséquence immédiate du principe que
« les pactes joints *in continenti* à un contrat de bonne
foi s'y incorporent, et que l'exécution peut en être pour-
suivie par l'action même naissant du contrat. » (Dig.
Loi 7, § 5, *de pactis*, l. ii, t. 14.)

Nous devons placer ici l'examen d'une question très-
délicate que nous avons indiquée, sans la résoudre, au
chapitre intitulé : *Des différences entre l'obligation corréale et l'obligation solidaire.* La Loi 9 *de duobus reis*, qui
indique comme source de l'obligation corréale des contrats de bonne foi, doit-elle être prise à la lettre; doit-on,
au contraire, décider que la corréalité ne peut exister que
lorsque les débiteurs sont tenus d'une *condictio*, que, par
conséquent, la solidarité sera seule possible entre débiteurs tenus d'une action *bonæ fidei* ou *in factum*?

La distinction présente de l'intérêt à plusieurs points
de vue, notamment aux points de vue du bénéfice de
division, de celui *cedendarum actionum*, de l'effet de la
litis contestatio, au point de vue enfin de la *culpa in om-
mittendo* imputable à l'un des codébiteurs.

La plupart des jurisconsultes, et parmi eux ceux de l'école allemande (de Savigny, § 20, de Wangerow, § 573), s'attachant aux termes de la Loi 9, décident que la corréalité peut résulter, soit des contrats de droit strict, soit de ceux de bonne foi; cette opinion, qu'émettent Cujas et Vinnius, est professée à Paris par M. Gérardin. Elle repose sur ce qu'il n'est pas possible de donner aux expressions *duo rei promittendi*, qui se trouvent dans la Loi 9, deux sens différents, en les traduisant, tantôt par débiteurs corréaux, tantôt par débiteurs solidaires, et sur ce principe, que tout pacte joint un *continenti* à un contrat de bonne foi, fait corps avec lui.

D'autres auteurs, parmi lesquels M. Demangeat, soutiennent, au contraire, que les contrats de droit strict peuvent seuls donner naissance à la corréalité. L'argumentation du savant jurisconsulte repose sur plusieurs textes, notamment les Lois 1, § 43, *Depos.*, l. xvi, t. 3; 5, § 15, *Commod.*, l. xiii, t. 6; 52, § 3, *de fidej.*, l. xlvi, t. 1, où l'on voit deux personnes tenues *in solidum* d'une action de bonne foi, être libérées *solutione, non electione alterius.* Il est facile de répondre que les textes invoqués par M. Demangeat, sont trop généraux pour être décisifs; rien ne nous prouve, en effet, que les parties aient, dans les espèces précitées, eu le soin de joindre un pacte à leur contrat pour créer la corréalité. Ne peut-on pas objecter encore à M. Demangeat, que, lorsqu'une obligation est garantie par un fidéjusseur, la poursuite dirigée contre l'un des deux obligés libère l'autre, lors même que l'obligé principal est tenu d'une action *bonæ fidei*, et que l'on ne comprendrait pas pourquoi il en serait autrement, lorsqu'il s'agirait de deux codébiteurs tenus aussi d'une action de bonne foi.

En présence de deux systèmes : l'un, celui de M. Demangeat, qui ne nous semble reposer que sur des raisons spécieuses, l'autre, celui de M. de Savigny, qui repose au contraire sur des textes précis, et qui concorde avec les principes généraux, nous nous rallierons à ce dernier.

La question de savoir si les contrats de bonne foi peuvent engendrer la corréalité étant tranchée dans le sens de l'affirmative, il nous faut rechercher, en étudiant la Loi 9, quels sont les contrats de bonne foi d'où elle pourra naître.

Citons d'abord le contrat de dépôt : Si, par exemple, partant en voyage, je laisse à garder un objet à Primus et Secundus, *utriusque fidem in solidum secutus*, et que, par un pacte, je me sois réservé le droit de demander compte pour le tout à l'un ou à l'autre, *ut correi*. Ulpien, dans la Loi 1, § 44, *Depositi*, l. xvi, t. 3, nous donne, par opposition à la Loi 9 *de duobus reis*, l'exemple de *correi stipulandi : Si duo deposuerunt*, dit-il, *et ambo agant, si quidem sic deposuerunt ut vel unus tollat totum, poterit in solidum agere.* (Demang., p. 185, en note.) Ulpien, dans la Loi 5, § 15, *Comm.*, l. xiii, t. 6, et Marcellus, dans les Lois 13, § 9, et 47, *locali*, l. xix, t. 2, corroborent ce que dit Papinien dans la Loi 9, en ce qui touche le commodat et le louage. Toutefois, Africain, dans la Loi 21, § 1, *Comm.*, semble croire, dira-t-on, que le commodat ne peut créer une obligation corréale : *Habiturum me commodati actionem cum contubernalibus constat pro cujusque parte.* Mais, d'après Pothier et Cujas, il faut répondre qu'il avait convenu dans ce texte que la responsabilité serait divisée.

Tout ce que nous venons d'exposer, relativement au dépôt, au commodat et au louage, s'applique à la vente ;

et il faut même, à raison de l'expression *veluti*, qui se trouve avant l'énumération faite par Papinien, regarder la Loi 9, comme énonciative, et non pas comme limitative, et décider que la corréalité pourra également naître d'autres contrats de bonne foi, tels que le mandat.

Enfin, de Savigny cite, comme dernière source de l'obligation corréale, le pacte *de Constitut.* (Loi 16, *Pr. de pec. Const.*, l. XIII, t. 5.)

§ III. — *Des Obligations quasi ex contractu.*

Dans la Loi 9, Papinien met le testament au nombre des contrats qui peuvent créer la corréalité.

Evidemment, le testament n'est pas un contrat, l'action *ex testamento* naît *quasi ex contractu* (Inst., § 5, *de Oblig. quasi ex contr.*, l. III, t. 27.) La forme à suivre pour qu'il y ait corréalité *testamento*, est indiquée en ces termes dans la Loi 9 : *Utputa, si pluribus heredibus institutis, testator dixit : Titius et Mævius Sempronio decem dato.* Mais il est évident que la conjonctive *et* est mise ici pour la disjonctive *aut*, par suite d'une erreur de copiste, sans quoi on ne s'expliquerait pas le verbe au singulier *dato.* (Cujas, Demangeat.) Pomponius, du reste, dans la Loi 8, § 1, l. XXX, et Paul, dans la Loi 25, l. XXXII, indiquent tous deux que c'est la disjonctive *aut* qui doit être employée, sinon les légataires seraient tenus *pro hereditariis portionibus.*

La corréalité active peut résulter d'un testament aussi bien que la corréalité passive; c'est ce qui ressort de ce fragment de Paul : *Si Titio aut scio utri heres vellet, legatum relictum est, heres alteri dando, ab utroque liberatur. Si neutro dat : uterque perinde petere potest atque si.ipsi soli legatum foret. Nam ut stipulando duo rei constitui possunt, ita et testamento potest id fieri.* (Loi 16 *de leg.* 2ᵃ, l. xxxi.) La forme employée dans cette Loi pour créer la corréalité ne put à aucune époque, à raison des mots *utri heres vellet*, laisser de doute sur l'intention du testateur ; mais, bien qu'il semble en être de même de la conjonction *aut* (Loi 8, § 1, l. xxx), Justinien crut devoir décider par une Constitution de l'an 531, qui forme la Loi 4 au Code *de verb. et rer. sign.* l. vi, t. 38, que *aut* équivaudrait à *et*, de telle sorte que deux légataires ne pourraient demander chacun que la moitié d'un legs qui leur aurait été fait disjonctivement.

Quant à la corréalité passive, nous ne voyons pas que Justinien ait innové (Demangeat, Pellat, Cujas).

Nous ne trouvons nulle part la *solutio indebiti* indiquée comme source de la corréalité, bien qu'elle ait une grande analogie avec le *mutuum* (Inst. Pr. et § 1, l. iii, t. 14). Un texte de Paul : la Loi 21 de *Condict. indeb.* l. xii, t. 6, pourrait pourtant, au premier abord, faire croire que la *solutio indebiti* devrait être considérée comme une des sources des obligations corréales. Mais, après un examen approfondi, on reconnaît bientôt qu'il ne peut pas être question dans ce texte de véritable corréalité, car l'identité d'objet qui en est un des éléments essentiels, fait ici complétement défaut.

§ IV. — *Du Jugement.*

D'une Constitution d'Alexandre, qui forme la Loi 1 au Code l. vii, t. 55, il résulte que la sentence judiciaire peut être la base de la corréalité (Savigny, § 17, et Demangeat, p. 201); les expressions qui sont en tête de ce texte: *si non singuli in solidum condemnati estis*, sont en effet décisives. Un jugement de cette nature peut se présenter lorsque l'existence de la corréalité est contestée. Il est évident, en effet, que si dans ce cas les débiteurs étaient de simples débiteurs conjoints, la sentence serait vraiment, en fait, créatrice de la corréalité. (Glück, t. 4, p. 517.)

SECTION DEUXIÈME.

SOURCES DE L'OBLIGATION SOLIDAIRE OU CORRÉALE IMPARFAITE.

§ I. — *Délits et quasi-délits.*

Tandis que les obligations corréales ont leur source principale dans les contrats de droit strict, les obligations solidaires naîtront surtout des délits et quasi-délits, et des contrats de bonne foi. Les délits peuvent engendrer trois sortes d'actions : une 1re, qui est purement *rei persecutoria*, comme la *condictio furtiva;* une 2e, qui est purement pénale, comme l'action *furti* (appelée par M. de Savigny pénale bilatérale) ; une 3° enfin, que M. de Savigny appelle pénale unilatérale, parce qu'elle n'est *pœnalis* qu'au point de vue du défendeur ; telle est l'action *legis aquiliæ*, si l'objet n'a pas changé de valeur dans l'année ou le mois qui a précédé le délit. (Voir Demangeat, 563, *Cours de Droit.*)

Eh bien ! quand un délit sera commis par plusieurs personnes à la fois, s'élèvera la question de savoir si ce fait fera naître entre les codélinquants un rapport de corréalité imparfaite. La question ne pourra pas naître à propos de l'action pénale bilatérale, parce que chaque délinquant devra supporter la peine tout entière, comme s'il était seul, sauf dans le cas indiqué dans la Loi 46, § 9, *de jure fisci*, l. xlix, t. 14. Il n'y aura donc pas même ici apparence de solidarité.

Quant à la *condictio furtiva*, chacun des codélinquants en sera bien tenu *in solidum* (Loi 1, Code *de condict. furt.*, l. iv, t. 8), mais elle ne doit pas être confondue avec les actions qui naissent *ex delicto;* elle naît seulement à l'occasion du *furtum;* comme la *condictio in debiti*, elle naît quasi *ex contractu.*

En ce qui concerne l'action pénale unilatérale, contrairement à ce qui arrive pour l'action pénale bilatérale, il existe un véritable rapport de corréalité imparfaite. Le créancier, en effet, peut, par cette action, choisir celui des coupables qu'il voudra, et le poursuivre pour le tout, et s'il paye, il libère par là même tous les autres.

Dans le cas où un accident a été produit par la chute d'un objet tombé de la fenêtre d'un appartement occupé par plusieurs personnes, elles sont tenues *in solidum* (Loi 1, § 10, 2, 3, *de his qui eff.*, l. ix, t. 3), bien que pourtant le demandeur, obtenant souvent plus qu'une indemnité, l'action soit pénale bilatérale.

Lorsqu'un délit est commis par un esclave, un dommage causé par un animal, si l'esclave ou l'animal étaient communs entre plusieurs maîtres, ils pourront être tenus *in solidum* (Loi 5, Pr. et 8 *de nox. act.*, l. ix, t. 4, et Loi 1, § 14, *si quadr.* 49, t. 1).

§ II. — *Contrats et quasi-contrats.*

Les contrats de bonne foi qui peuvent, à notre avis, devenir la source d'obligations corréales, peuvent aussi ne produire que la corréalité imparfaite, dans le cas, par exemple, où plusieurs personnes figurent dans un même contrat *in solidum*, sans convention de corréalité.

Nous trouvons aussi, dans le quasi-contrat de tutelle, que lorsque plusieurs cotuteurs administrent en commun, ils sont solidairement responsables envers le pupille. (Loi 2, Code l. v, t. 52, et Loi 33, § 2, l. xxvi, t. 7.) Si, au contraire, l'administration a été partagée, soit par le magistrat, soit par le testateur, chacun n'est tenu que *pro suâ administratione;* mais, dans ce cas, ils peuvent pourtant être tenus *in solidum*, à raison des actes préjudiciables de leurs cotuteurs qu'ils auraient dû surveiller. (Loi 2, Code l. v, t. 52, et Loi 1, § 15, l. xxvii, t. 3.)

De même que les tuteurs, les magistrats municipaux sont tenus *in solidum* de leur administration. (Loi 11, l. L, t. 1.)

Un dernier exemple de solidarité cité par M. de Savigny, est celui de plusieurs mandants se plaçant dans la situation de cautions, en donnant l'ordre à quelqu'un de prêter à un tiers; car si le débiteur ne paye pas, ils répondront *in solidum* de son insolvabilité. (Loi 52, § 3, *de fidej.*, l. xlvi, t. 1.)

§ III. — *Actiones adjectitiæ qualitatis.*

M. de Savigny cite encore, comme exemples d'obligations solidaires, des actions qui ont cela de particulier qu'elles peuvent être intentées contre d'autres personnes que les véritables débiteurs; telles sont les actions *exercitoria institoria, de peculio, de in rem verso, quod jussu et tributoria.* (Lois 1, § 25, l. xiv, t. 1 ; 13 , § 2, l. xiv, t. 3; 5, § 1, l. xv, t. 4, et 44, l. xv, t. 1.)

Quelques auteurs voudraient voir dans ces actions des cas de corréalité, et non de solidarité, parce que la *litis contestatio*, intervenant avec l'un quelconque des obligés, y anéantit l'action. Ce serait, croyons-nous, une erreur, car si un pareil résultat se produit ici, cela provient d'une cause accidentelle, c'est-à-dire de ce fait que l'*intentio* reste toujours au nom de la même personne, quelle que soit celle contre laquelle on intente l'action.

CHAPITRE TROISIÈME

Des effets de la Corréalité.

La conséquence principale de la corréalité dans les rapports des *correi stipulandi* vis-à-vis du débiteur, ou des *correi promittendi* vis-à-vis du créancier, est que chaque *correus stipulandi* a le droit de réclamer la créance entière, et que chaque *correus promittendi* peut être actionné pour toute la dette. (Inst., l. iii, t. 16, § 1.)

Quant aux autres conséquences, nous ne pourrons les connaître qu'en recherchant les effets produits sur la dette ou la créance commune, par les actes dans lesquels figure l'un des créanciers ou l'un des débiteurs, et les textes qui traitent des effets de ces actes sont relatifs à l'extinction de la corréalité. C'est donc en étudiant les modes d'extinction des obligations, et en recherchant l'effet qu'ils produisent sur l'obligation corréale, que nous arriverons à savoir quels sont les rapports des *correi promittendi aut stipulandi*, vis-à-vis du créancier ou du débiteur commun.

SECTION PREMIÈRE.

MODES D'EXTINCTIONS DES OBLIGATIONS ABSOLUES OU IN REM.

§ I. — *Du Paiement.*

Vel alter debitum accipiendo, vel alter solvendo, omnium perimit obligationem et omnes liberat, disent les Instituts (l. III, t. 16, § 1). Le paiement fait à l'un des créanciers ou par l'un des débiteurs, est au premier rang parmi les modes d'extinction de l'obligation corréale. Mais la corréalité n'empêche pas que le paiement soit fait partiellement, si les *correi stipulandi* y consentent (Loi 58, § 2, *de Solut.* l. XLVI, t. 3); ou que chacun des *correi promittendi* fasse au créancier un paiement partiel, s'il y consent.

Le débiteur est libre de choisir le créancier à qui il fera le paiement, tant qu'il n'a pas été prévenu par des poursuites. (Dig. Loi 16, l. XLV, t. 2.)

A côté du paiement, il y a plusieurs autres faits qui y ressemblent, et qui peuvent entraîner également un anéantissement complet de l'obligation ; par exemple, le dépôt fait en lieu convenable de l'argent que le créancier n'a point voulu recevoir, alors qu'il lui était offert en présence de témoins (offres suivies de consignation). (Loi 19, Code *de usuris*, l. IV, t. 32, et Dig. Lois 7 et 41, § 1, l. XXI, t. 1.

La *datio in solutum*, produira-t-elle, à l'égard de l'obligation corréale, le même effet que le paiement? On comprend que le créancier puisse, en recevant de l'un des *correi promittendi*, autre chose que ce qui est dû, libérer tous les débiteurs. Mais on pourrait douter que l'un des *correi stipulandi* pût recevoir une chose autre que celle qui faisait l'objet de l'obligation; mais toute espèce de doute doit disparaître, si l'on songe que chaque *correus* a autant de droit en principe, que s'il était seul. (Loi 31, § 1, *de Noval.*, l. xlvi, t. 2.)

La solution que nous donnons ici est incontestable, dans le Droit de Justinien (Inst., l. iii, t. 29, et Loi 17 au Code, l. viii, t. 43); mais, avant lui, la question avait été diversement résolue par les jurisconsultes. (Gaius, *Comm.*, 3, § 168.) Les Sabiniens, dont Gaius et Justinien admirent l'opinion, enseignaient bien que la *datio in solutum*, équivalant au paiement, éteignait l'obligation corréale *ipso jure*. Mais les Procubiens, au contraire, soutenaient que la *datio in solutum*, devait s'analyser en une vente, faite au créancier de la chose donnée en paiement, pour une somme égale au montant de sa créance; dès lors, le créancier devenant débiteur à titre d'acheteur, d'une somme égale à celle à laquelle il avait droit, le débiteur pouvait lui opposer la compensation, au moyen de l'exception de dol. Si on applique cette idée à la corréalité, il faut décider que, d'après les Proculeiens, à raison des effets que peut produire la compensation sur la créance corréale, l'exception de dol, qui naît de la *datio in solutum*, ne pourra être opposée qu'à celui des *correi stipulandi* avec lequel cette opération aura été conclue. De même, pour la dette corréale, il faut décider, dans l'opinion des Proculeiens, que si une *datio in solutum* a été faite par l'un des *correi*, elle ne pourra pas être opposée en compensation au créancier par les autres, au moyen de l'exception de dol, s'il n'est prouvé que le créancier, en recevant autre chose que ce qu'on lui devait, a entendu renoncer à tout droit de poursuite contre l'un quelconque des débiteurs.

§ II. — *De l'Acceptilatio.*

L'obligation formée *verbis* s'éteint par l'*acceptilatio :* *Quot ego tibi promisi habesne acceptum ?* dit le débiteur, et le créancier répond : *habeo.* (Inst., l. III, t. 29, § 1.) Ce mode d'extinction qui, par sa nature, ne s'appliquait d'abord qu'aux obligations *verbis*, fut étendu plus tard à toute espèce d'obligations, mais il n'eut pas toutefois, dans ce cas, un effet plus étendu que le pacte de *non petendo.* (Ulpien, Lois 8 et 19, *de Accept.*, l. XLVI, t. 4.) Aussi, devons-nous étudier séparément l'effet de l'*acceptilatio* dans les obligations *verbis*, nous réservant d'étudier plus loin l'effet du pacte *de non petendo.*

L'*acceptilatio*, étant un paiment fictif, *imaginaria solutio* (Gaius, *Comm.*, 3, § 169), produira l'extinction de l'obligation corréale contractée *verbis*, comme le ferait le paiment *Acceptilatione unius, tota solvitur obligatio.* (Loi 2, *de d. reis*, l. XLV, t. 2.) *Ex pluribus reis stipulandi*, dit aussi Ulpien, *si unus acceptum fecerit, liberatio contingit in solidum.* (Loi 13, § 12, *de Accept.*, l. XLVI, t. 4, et Lois 26 et 16 (*eodem*).

Cet effet s'explique surtout par la nature rigoureusement formaliste de l'*acceptilatio.* Il s'explique aussi quelquefois logiquement, lorsqu'elle est employée pour servir de quittance solennelle (Savigny).

3

Du moment que *l'acceptilatio*, faite à un seul des *correi*, a pour effet de tous les libérer, le créancier qui ne voudra libérer que l'un d'entre eux, devra se borner à lui consentir au pacte de *non petendo*.

Mais quel serait l'effet de *l'acceptilatio* faite à deux *correi*, dont l'un ne pourrait recevoir sa libération du créancier ? Cette hypothèse se trouve prévue dans plusieurs textes, notamment dans un texte d'Ulpien, la Loi 5, § 1 et 2 *de Donat. inter vir. et ux.*, l. xxiv, t. 1. On peut résumer ainsi la doctrine qui y est contenue : si les deux *rei* sont *socii*, celui qui était incapable de recevoir la libéralité, n'en sera pas moins libéré grâce à son *correus* (Loi 5, § 2 et Loi 3, § 3, l. xxxiv, t. 3); n'y a-t-il, au contraire, aucun lien de société entre eux ? Si *l'acceptilatio* s'adresse au débiteur capable de recevoir la libéralité, il en profitera seul, car, dans ce cas, *l'acceptilatio* ne pourra avoir que la puissance d'un pacte. (Loi 8, l. xlvi, t. 4, et Loi 3, § 3, l. xxxiv, t. 3.) Si, au contraire, elle s'adresse à l'incapable, elle ne produira aucun effet. (Loi 3, § 10, l. xxiv, t. 1, et Loi 5, § 1, l. xxxiv, t. 3.)

§ III. — *De la Novation.*

Ulpien définit ainsi la novation : *Novatio est prioris debiti in aliam obligationem, vel civilem vel naturalem, transfusio atque translatio, etc.* (Loi 1, Pr. *de Nov.* l. xlvi, t. 2.)

L'effet de la novation sur l'obligation corréale, doit être envisagé à deux points de vue : 1° effet de la novation entre le créancier commun et l'un des débiteurs ;

2° effet de la novation entre l'un des créanciers et le débiteur commun.

Personne ne doute que la novation faite par le créancier avec l'un des débiteurs ne libère les autres, absolument comme le paiement, car le créancier auquel appartient la créance, peut bien la modifier. Dans ce cas, les fidéjusseurs, qui cautionnaient la première obligation, ne garantiront la deuxième qu'autant qu'ils y accéderont (Loi 4 au Code, l. viii, t. 41).

L'hypothèque, qui vient du droit prétorien, n'est pas régie tout à fait par les mêmes principes : ou elle a été fournie par un tiers, ou par l'un des débiteurs? si c'est par un tiers, il faut son assentiment pour qu'elle continue à subsister, car autrement il pourrait souffrir un préjudice par suite d'un acte auquel il n'aurait pas participé; si l'hypothèque avait été fournie par l'un des *correi*, la même solution devrait être admise, dans le cas où le bien hypothéqué se trouverait entre les mains d'un tiers acquéreur au moment de la novation. Mais si nous supposons, au contraire, que le bien hypothéqué appartient encore à l'un des *correi*, trois hypothèses sont à prévoir : 1° la nouvelle obligation est contractée *inter easdem personas*, l'hypothèque peut continuer à subsister, lorsque telle est la volonté des parties (Loi 11, § 1, *de pigne. act.* l. xiii, t. 7, et Loi 3, l. xx, t. 4); 2° s'il y a novation par changement de créancier, l'hypothèque peut subsister à sa date primitive pourvu que le débiteur hypothécaire y consente; 3° enfin s'il y a novation par changement de débiteur, l'hypothèque affectée à la sûreté de l'obligation primitive ne pourra être rattachée à la nouvelle obligation, sans le consentement du débiteur à qui la chose hypothéquée appartient. (Loi 1 au Code, l. viii, t. 27, et Pothier, *Traité des Oblig.* n° 599.)

Cette théorie romaine trouve son explication toute naturelle dans ce fait que la novation, s'opérant au moyen d'une stipulation, a des effets absolus comme *l'acceptilatio.*

Nous venons d'envisager la novation dans son application au cas de corréalité passive, nous nous demanderons maintenant si l'un des *correi stipulandi* éteindra la créance commune? Quelques Jurisconsultes se refusent à l'admettre, attendu que les autres *correi* peuvent ne point consentir à la modification ou à l'extinction de l'obligation. Il faut pourtant, croyons-nous, décider que la novation produira, dans le cas de corréalité active comme dans celui de corréalité passive, l'équivalent du payement (de Savigny, § 18).

Ce système, qui est professé par plusieurs auteurs, et notamment par M. Demangeat et de Savigny, repose surtout sur un texte de Venulei. la Loi 31, § 1, *de noval.* l. xlvi, t. 2, qui est ainsi conçue :... *secundum quæ, si unus ab aliquo stipuletur, novatione quoque liberare eum ab altero poterit, cùm id specialiter agit : eò magis cùm eam stipulationem similem esse solutioni existimemus.*

Ces expressions *cum id specialiter agit*, ont fait dire à quelques interprètes (Huschke) que la décision de Vénulcius s'appliquait seulement à la novation dans laquelle les parties avaient eu l'intention spéciale d'éteindre complétement l'obligation. C'est là, croyons-nous, une erreur, et toute novation doit éteindre d'une manière absolue toutes les créances corréales; quant aux expressions *cum id specialiter agit*, elles se trouvent dans la Loi 31 par suite d'une interpolation faite par les compilateurs pour mettre le texte en harmonie avec la règle posée par Justinien dans la Loi 8 au Code *de Noval.*, l. VIII, t. 42; elles doivent êtres complétées ainsi : *ut prior obligatio novetur* (Savigny). Notre opinion est confirmée par la Loi 29, Dig. l. XLVI, t. 2, où se trouvent aussi les mots : *si id specialiter actum est.*

Paul, dans la Loi 27 *de pactis*, l. II, t. 14, paraît donner une décision contraire à celle de Vénuleius. Au dire, en effet, des auteurs qui n'admettent point notre interprétation de la Loi 31, Paul se demande si, lorsque l'un des *argentarii socii et duo rei*, fait un pacte avec le débiteur commun pour lui remettre sa dette, les autres *argentarii* en souffriront, et il répond que non, parce qu'on est *duo rei* seulement pour demander et recevoir le paiement; puis il ajoute avec Labéon : *Nam nec novare.* D'où l'on devrait conclure que les *duo rei* en général ne pourront point faire ce qui est défendu aux *argentarii*, ainsi que cela résulte du reste de la fin du texte de Paul : *Idemque in duobus reis stipulandi dicendum est.*

On a cherché de plusieurs manières à concilier le texte de Paul avec celui de Vénuleius. D'après Pothier, l'objet de la Loi 27 est de prouver que le pacte fait par l'un des *argentarii* n'est pas opposable aux autres, et ce serait cette décision qui s'étendrait aux *correi stipulandi.* Voët donne une explication à peu près identique (C. *de Pand.* 46, 2, nº 5) : *Non obstante l. si unus 27, dit-il, cum verba finalia principii referenda sint ad id, quod in principio legis definitum fuerat pactum unius ex argentariis sociis cum debitore, reliquis haud nocere quibus deindè subjicitur, idemque in duobus stipulandi reis dicendum esse, adeòque nihil aliud ea lege significatur , nisi quod pactum unius de non petendo non noceat alteri et meritò, etc.*

Savigny, enfin, croit aussi que la fin du texte : *Idemque in duobus reis stipulandi dicendum est*, se rattache à la règle donnée par Paul sur l'effet du pacte de remise vis-à-vis des *argentarii socii;* et, selon lui, toute la partie du texte depuis *idem Labeo* jusqu'à *quod est verum*, n'est qu'une parenthèse destinée à confirmer la proposition qui précède, mais n'ayant aucunement trait aux expressions finales ; il considère de plus les *argentarii*, non point comme *correi*, mais comme formant une société de banquiers. (Loi 52, § 5, *de socio*, l. xvii, t. 2.) Quant à M. de Vangerow, il présente une explication très-ingénieuse, mais nous ne l'exposerons pas, parce qu'elle ne nous paraît pas fondée.

Il est des auteurs qui, ne trouvant aucune conciliation possible entre les Lois 31 et 27, sont portés à reconnaître l'existence d'une controverse entre Paul et Vénuleius (Pellat à son Cours, Ortolan, Inst. l. iii, t. 16, en note, Demangeat, page 308). Cujas lui-même s'exprime ainsi : *Ingenuè confiteor Paulum hoc loco planè negare ab uno ex argentariis vel reis stipulandi novari veterem obligationem posse. (In lib. iii Pauli ad edictum.)*

Sans oser, en présence de si éminents jurisconsultes, regarder la conciliation essayée par Voët, Pothier et Savigny comme indiscutable, parce que ces auteurs n'interprètent point le texte de Paul dans son sens le plus naturel, du moins, obligé de choisir entre deux systèmes, celui enseigné par Paul et celui enseigné par Vénuleius, nous n'hésiterons pas à adopter l'opinion de Vénuleius, sinon comme la plus équitable, du moins comme la plus logique et la plus juridique. Ne serait-il pas singulier, en effet, que celui qui peut éteindre le droit de son *correus* en faisant *acceptilatio*, ne pût l'éteindre par la *novatio?* Nous ne ferons, du reste, qu'adopter l'avis de Cujas : *Multæ*, dit-il, *et magnæ rationes Venuleii nos duxerunt in suam sententiam.* (In Leg. 27 , liv. III, *Pauli ad edictum.*)

Certains auteurs ont voulu voir dans la Loi 8 , § 11 , l. XVI, t. 1 , la preuve qu'Ulpien partageait l'opinion de Vénuleius ; mais c'est, selon nous, une erreur, car la Loi 8 , § 11 , peut parfaitement prévoir une autre hypothèse que celle de la Loi 31 , § 1 , l. XLVI, t. 2.

§ IV. — *De la Litiscontestatio.*

La *litiscontestatio*, qui était à l'époque des jurisconsultes classiques, la dernière phase de la procédure *in jure*, entraînait la consommation du droit déduit *in judicium* (Dig., Loi 11 , § 1 , l. XLVI, t. 2), *ipso jure* dans les *judicia legitima* (Gaius, C. 3 , § 180, 181) *exceptionis ope* dans les *judicia imperio continentia.* (Gaius, C. 4, § 104 et 105).

La *litiscontestatio*, qui présente à ce point de vue une grande analogie avec la novation, à tel point que certains auteurs l'appellent une novation judiciaire, doit plutôt être envisagée comme un mode *sui generis* d'extinction des obligations (Demang. *des Oblig. solid.*); c'est ce qui semble résulter du § 180 de Gaius, C. 3, où l'effet de la *litiscontestatio* est traité à part et après celui du paiement et de la novation; c'est aussi ce qui semble résulter des Lois 29, l. XLVI, t. 2 et 11, l. XIII, t. 7. Il n'est, du reste, aucunement nécessaire de considérer la *litiscon-testatio* comme contenant une novation, pour s'expliquer qu'elle doive être un mode d'extinction des obligations. Cet effet s'explique par le principe qu'une obligation ne peut pas être plusieurs fois déduite *in judicium* : *Bis de eadem re ne sit actio*, dit Quintilien. (Inst. Orat. vii, 6 aj. Gaius, C. 4, § 108.)

La *litiscontestatio* étant, d'une part, un mode d'extinction des obligations, et l'un des caractères distinctifs de la corréalité étant, d'autre part, de n'engendrer qu'une seule obligation, il doit s'en suivre que l'obligation corréale sera éteinte dès qu'il y aura eu *lis contestata*. (Lois 2 et 16 de *duobus reis.*)

Mais examinons avec détail les effets de la *litiscontestatio* par rapport soit à la corréalité active, soit à la corréalité passive.

Unius ex reis stipulandi petitione totam tolli obligatio-nem, nous dit Vinnius. (L. iii, t. 17, § 2, C. du t. de *d. reis.*) Tous les auteurs sont du reste d'accord pour reconnaître que l'action introduite par un seul des *correi stipulandi* rend impossible toute action ultérieure de la part des autres. Ceci résulte d'une manière générale des Lois 2 et 16 de *duobus reis*, et plus spécialement de la Loi 3 *in fine de fidej*. l. xlvi, t. 1, où l'expression *duæ obligationes* s'applique non à l'objet, mais aux personnes qui sont sujettes dans l'obligation. (De Vang., t. 3, p. 68, 6ᵉ éd.)

La règle que les poursuites exercées par l'un des *correi stipulandi* font évanouir le droit des autres, est la conséquence de l'unité de l'obligation corréale, et de la *litiscontestatio*; elle est du reste assez naturelle, et ne présente pas de sérieux inconvénients.

Lorsqu'il y aura corréalité passive, nous pensons que

— 41 —

la *litiscontestatio* aura également pour effet d'éteindre complètement l'obligation. Quelques auteurs ont pourtant refusé de l'admettre, trouvant inique qu'un créancier qui avait plusieurs débiteurs n'en eût plus qu'un seul après la *litiscontestatio*. (Cujas et Pothier.) D'autres auteurs mentionnent seulement la question, se contentant de dire qu'elle est controversée. (Vinnius, C. des Inst. de *d. reis*, § 2. Ort. § 1274, C. iii, t. 16.)

Notre opinion, qui est celle de la plupart des jurisconsultes modernes (Demangeat et de Savigny), repose sur plusieurs textes, notamment la Loi 29 de *liber leg.*, l. xxxiv, t. 3. Il s'agit, dans ce texte, d'arriver à libérer vis-à-vis de leur créancier commun deux *correi promittendi*, dont l'un est *pater* et l'autre n'a pas le *jus capiendi*, de manière que l'obligation primitive dont ils étaient tenus existe désormais au profit de l'un d'eux contre l'autre; dans ce but, le créancier primitif constituera *cognitor in rem suam* (Frag. vatic., § 317) (Gaius, C. 4, § 83 et suivants, 98), le *correus* auquel doit appartenir désormais la créance, et par la poursuite que ce dernier exercera, son codébiteur cessera d'être obligé envers le créancier, pour l'être désormais envers lui : *Cujus petitione utrumque accidit*, dit Paul, *ut et hoc commodum ad eum perveniat, et is qui capit liberetur.* (Loi 29.) Cette solution s'explique par le fait que la *litiscontestatio* intervenue avec l'un des *rei promittendi* libère tous les autres.

Plusieurs autres textes sont encore à l'appui de notre système (Lois 2 *de duob. reis*, 31, § 1, *de novat.* l. xlvi, t. 2; 116 *de verb. Oblig.*, l. xlv, t. 1). L'hypothèse prévue par cette dernière Loi est celle de la *fidejussio indemnitatis* : J'ai stipulé 10 de Titius, je stipule ensuite de

Mœvius qu'il me payera tout ce que Titius ne pourra pas me donner ; j'attaque Titius, Mœvius ne sera libéré, ajoute Paul, qu'autant que Titius aura acquitté le montant intégral de la condamnation : *Non enim sunt duo rei Mœvius et Titius ejusdem obligationis, sed Mœvius sub conditione debet, si a Titio exigi non poterit, igitur nec Titio convento Mœvius liberatur, qui an debiturus sit, incertum est, etc.* D'où il faut conclure que, si Titius et Mœvius étaient *correi*, Mœvius serait libéré du moment où Titius aurait été poursuivi.

M. de Vangerow rattache l'effet produit par la *litiscontestatio* intervenue entre le créancier et l'un des *rei promittendi*, à cette idée que l'obligation corréale passive n'est au fond qu'une obligation alternative (Pauli, *Sent.* 217, § 16). Il commet une erreur, croyons-nous, car il prend l'effet pour la cause. Si les droits du créancier contre les *correi* s'éteignent par la poursuite exercée contre l'un d'entre eux, il faut en chercher la raison dans le caractère d'unité de la dette corréale, malgré la pluralité des débiteurs, et dans la combinaison de ce caractère de la corréalité avec les règles sur la *litiscontestatio ;* tandis que dans la dette alternative, si, après la poursuite de l'un des débiteurs, l'autre se trouve libéré, cela s'explique par la nature même de cette obligation.

Les auteurs qui, contrairement à l'opinion que nous avons adoptée, n'admettent pas l'extinction de l'obligation corréale, par suite de la *litiscontestatio* intervenue entre le créancier et l'un des *correi promittendi*, ne peuvent, à notre avis, présenter à l'appui de leur système de sérieux arguments : la Loi 8, § 1, *de legatis* 1° l. xxx, qu'ils invoquent, semble concluante au premier abord : *Si ita scriptum sit : Lucius Titius hæres meus aut Mœvius hæres meus decem Seio dato; cum utro velit, Seius aget, ut, si cum uno actum sit, et solutum, alter liberetur*, etc. Mais, comme dans aucun autre texte nous ne trouvons de décision semblable, nous sommes porté à croire (avec MM. de Savigny, § 19; Demang., sur la Loi 2 *de reis*, et Ducaur., t. 2 des Inst.), que le mot *solutum* ne se trouve dans la Loi 8, § 1, que par suite d'une interpolation des compilateurs , qui ont voulu mettre le fragment de Pomponius en harmonie avec une Constitution de Justinien de l'an 531 (Loi 28, au Code, l. viii, t. 41), par laquelle il décidait que la simple poursuite dirigée contre l'un des *correi promittendi* ne libérerait plus les autres. Dans le texte, en effet, de la Loi 8, tel qu'il est au Digeste avec le mot *solutum*, il y a des idées qui se contrarient et des hypothèses construites de telle sorte qu'elles ne présentent aucun intérêt? En admettant, par exemple, que l'expression *solutum* fût dans le texte primitif, qu'importe que le légataire, du moment qu'il est payé, l'ait été en exerçant ou en n'exerçant pas de poursuites! Pomponius dit aussi, dans la fin du texte : *Quid ergò si ab altero partem petierit? Liberum cui erit ab alterutro reliquum petere. Idem erit, et si alter partem solvisset.* Que signifierait donc cette dernière décision , si elle n'était point mise ici par opposition à la règle que la demande du tout contre l'un des *correi debendi*, libère tous les autres (Voyez Loi 2, au Code *de fid. tut.*, l. v, t. 57).

On cherche aussi à opposer à notre système la Loi 1, § 43, *Depos.*, l. xvi, t. 5, qui ne le contredit pourtant nullement, car, comme nous l'avons déjà dit, rien n'indique que dans l'hypothèse prévue dans ce texte un pacte de corréalité ait été joint *in continenti* au dépôt, et qu'il s'agisse par conséquent d'un cas de corréalité proprement dit.

Il semble, du reste, que la Constitution de Justinien doit trancher la question qui nous occupe ; car s'il s'exprime ainsi : *Idemque in duobus reis promittendi constituimus, ex unius rei electione præjudicium creditori adversùs alium fieri non concedentes ; sed remanere et ipsi creditori actiones integras et personales et hypothecarias, donec per omnia ei satisfiat*, ne semble-t-il pas dire qu'avant lui, la *litiscontestatio* intervenue entre le créancier et l'un des *correi promittendi*, libérait tous les autres ?

Cette conséquence de la *litiscontestatio*, par rapport à l'obligation corréale, présentait de sérieux inconvénients, car si le *correus* attaqué était insolvable, le créancier pouvait n'obtenir qu'une partie de sa créance. Mais le danger était encore plus grand dans le cas où il y avait un débiteur principal cautionné par un fidéjusseur, car le créancier, dépouillé de toute action contre le fidéjusseur par la *litiscontestatio*, perdait ainsi la garantie sur laquelle il avait dû compter (*Sent. Pauli*, l. ii, t. 17, § 16). Aussi cherchait-on à éviter de pareils inconvénients par des moyens artificiels, par la *fidejussio indemnitatis*, par exemple (Loi 28 au Code *de fidej.*, l. viii, t. 41, et Loi 116 au Dig. *de verb. Oblig.*, l. xlv, t. 1).

Nous trouvons aussi, dans les Institutes, un moyen d'éviter les conséquences de la *litiscontestatio*, applicable aussi bien à la corréalité qu'à la fidéjussion (Inst., § 2, *de mand.*, l. iii, t. 26) : Le *reus promittendi* qui voyait le créancier prêt à le poursuivre, lui donnait mandat de poursuivre son *correus periculo mandatis* ; le créancier, qui n'avait point été désintéressé totalement par le premier débiteur, pouvait ainsi recourir contre celui qui lui avait donné mandat d'exercer la poursuite.

Du jour où la procédure extraordinaire remplaça le système formulaire, il y eut un moyen encore plus simple de se soustraire aux inconvénients qu'entraînait la *litiscontestatio*. L'extinction de toute obligation déduite *in litem* n'étant plus d'ordre public, on pouvait y échapper par une convention expresse ; et c'est évidemment à cela que fait allusion Justinien dans sa Constitution de 531, par ces mots : *Sic enim pactis conventis hoc fieri conceditur, et in usu quotidiano semper hoc versari adspicimus, quare non ipsâ legis auctoritate hoc permittatur,* etc. Dès lors, la maxime *electo altero liberatur alter*, du reste si peu naturelle, ne devait pas longtemps survivre à la cause qui l'avait produite ; aussi Justinien décida-t-il, par la Constitution de 531, que l'exécution seule devait éteindre le droit du créancier, et l'exception *rei judicatæ* fut substituée à l'exception *rei in judicium deductæ*.

Dans sa Constitution, Justinien ne modifie expressément la règle de la *consummatio litis* que par rapport à l'obligation corréale passive, aussi peut-on se demander si la règle ancienne subsiste par rapport à la corréalité active. Cette question divise encore les jurisconsultes. Tandis que MM. de Savigny et de Vangerow appliquent la Constitution à la corréalité, soit active, soit passive, et voient dans les Lois 2 et 16 de *duobus reis*, 116, l. xlv, t. 1 ; 5, l. xlvi, t. 1 et 31, § 1, l. xlvi, t. 2, que des vestiges de l'ancien droit, Puchta (Pand., § 235, g.) et Demangeat (C. de la Loi 2, page 84), s'appuient sur ces mêmes textes et sur les termes mêmes de la Constitution de Justinien, pour prétendre que les poursuites de l'un des créanciers ont continué à éteindre complètement l'obligation corréale même après l'an 531.

Nous nous rangerons à cette dernière opinion par le

motif que, si le droit eût été changé, les compilateurs
eussent certainement modifié les textes précités, comme
ils ont modifié les textes qui traitent de la corréalité passive. Du reste, les inconvénients qu'entraînait la *litiscontestatio* par rapport à la corréalité active n'étant point
très-grands, il ne faut pas s'étonner qu'on les ait laissé
subsister sous le système de la procédure extraordinaire.

§ V. — *Du Pacte de Constitut.*

A l'imitation de l'*actio receptitia*, qui était de droit
civil, le préteur, généralisant ce qui n'avait d'abord lieu
que pour les banquiers, attacha une action dite *de pecuniâ constitutâ*, au pacte par lequel un débiteur prenait
jour pour payer ce qu'il devait (Ins., § 8 et 9, l. ıv, t. 6).
Ces deux actions furent, sous Justinien, fondues en une
seule. (*Const.*, 2, au Code l. ıv, t. 8.)

Si nous recherchons l'effet du *Constitut* sur l'obligation corréale, nous trouvons, chez les Commentateurs
une divergence complète : Cujas, par exemple, nous dit :
*Constitutum vice solutionis est, atque ideò, qui constituit
uni, posteà si solverit alteri, bis solvisse videtur.* (*In lib.*,
xxıx, *Pauli ad Edict., ad Leg.* 10.) M. Demangeat s'exprime
à peu près dans le même sens : « Lorsque c'est le débiteur lui-même qui s'engage par un pacte de *Constitut*, il
faut dire que, suivant l'intention probable des parties
(Ulpien, Loi 2, l. xııı, t. 5), son obligation primitive est
éteinte, sinon *ipso jure*, du moins *exceptionis ope* : l'action *de pecuniâ constitutâ*, pourra seule désormais être
intentée efficacement contre lui. » (*Des Oblig. Sol.*, sur

la Loi 2, p. 85.) D'après M. Demangeat, cet effet du pacte de *Constitut* résulte des Lois 5, § 2, et 25 *de pec. Const.*, l. xiii, t. v), et surtout de la Loi 10, dans laquelle Paul, prévoyant précisément le cas dans lequel le pacte de *Constitut* se joint à l'obligation corréale, dit : *Loco ejus qui jam solutum est haberi debet, is cui constituitur.* Dans une première opinion, le pacte de *Constitut* éteindra donc l'obligation corréale, soit active soit passive, parce que *jure prœtorio*, il équivaut au paiement, et parce qu'il contient au fond une dation en paiement, ou mieux encore une novation, moins la *forma civilis.*

D'autres auteurs croient que le pacte de *Constitut* ne doit aucunement équivaloir au paiement, car il n'avait point pour but d'éteindre l'obligation primitive, « mais seulement de fortifier l'ancienne créance par l'addition d'une nouvelle action. » (De Savigny, § 18.) Ortolan, dans son *Commentaire des Instituts*, § 1615, et Voët, se prononcent dans le même sens : *Advertendum enim, nullam constituto novationem fieri, sed obligationi priori aliam ex constituto accedere... usque adeò, ut no per intentatam quidem seu contestatam hanc de pecuniâ constitutâ actionem prior obligatio evanescat, sed demùm per solutionem* (Voët, *in lib.* xiii, titre 5, § 12). La conséquence nécessaire de cette dernière opinion, par rapport à l'obligation corréale, sera que « l'adjonction d'un *Constitut* ne pourra nullement affaiblir l'efficacité des droits d'action primitifs. » (Savigny.) MM. Ortolan, de Savigny, etc., trouvent, à l'appui de leur opinion, les Lois 18, § 3, et 28, l. xiii, t. 5, et la Loi 5 *de in rem verso*, l. xv, t. 3.

En présence de deux systèmes soutenus de part et d'autre par d'éminents jurisconsultes, c'est avec une certaine hésitation que nous nous prononcerons. Nous sommes pourtant porté à adopter l'opinion de MM. Voët, Ortolan et Savigny, car, de tous les textes sur lesquels M. Demangeat s'appuie, la Loi 10, qui seule s'applique exactement à l'hypothèse que nous étudions, peut bien, comme le prétend M. de Savigny, ne pas correspondre au droit de Justinien, et contenir, par suite d'une inadvertance des compilateurs, une opinion ancienne généralement repoussée aujourd'hui.

§ VI. — *Du Serment.*

Gaius, dans la Loi 27 *de Jurejur.*, l. xii, t. 2, dit du serment : *Jusjurandum loco solutionis cedit.* S'il s'exprime ainsi, c'est parce que, bien qu'il n'éteigne pas directement une obligation comme le paiement, le serment produit le même résultat, puisqu'il fait présumer que l'obligation n'existait pas ou n'existe plus.

L'effet du serment sur la corréalité variera suivant qu'il s'agira de corréalité active ou passive, et suivant que le serment sera positif ou négatif.

Au point de vue actif, le serment déféré par l'un des *correi stipulandi* au débiteur commun, s'il est négatif, nuira à ses *correi* : *In duobus reis stipulandi ab altero delatum jusjurandum etiam alteri nocebit.* (Paul, Loi 28, Pr. l. xii, t. 2.) A l'inverse, au cas de corréalité passive, si le créancier commun a déféré le serment à l'un des *correi promittendi*, s'il jure que la dette n'existe pas, ce serment profitera à tous. (Loi 28, § 3, l. xii, t. 2.) Cette règle reçoit une fréquente application dans les rapports d'un débiteur principal avec sa caution, par suite de

l'espèce de corréalité que renferme le cautionnement.
(Savigny, § 19.) (Lois 28, § 1; 42, § 1, 2, 3, l. xii,
t. 2.)

Tandis que les textes sont très-explicites sur les effets
du serment négatif, ils ne traitent aucunement tout ce
qui touche au serment positif. Aussi, lorsqu'un des *correi
stipulandi* jurera que la créance existe, ou lorsque le
créancier commun prêtera le même serment, on se
demande quelles en seront les conséquences ? Il semble
juste de conclure avec M. de Savigny (§ 19) que l'action
de *jurejurando* ne doit être donnée qu'à celui des *rei
stipulandi* qui a juré, que contre celui des *correi promittendi* qui a déféré le serment. Cela par deux motifs :
1° Dans le silence de la Loi, il y a une certaine faveur
due au débiteur contre le créancier; 2° il y a moins
d'utilité à étendre l'action de *jurejurando* que l'exception,
car, dans le cas de serment positif, il dépend du créancier d'exercer immédiatement l'action, tandis que dans
le cas de serment négatif, le débiteur, étant obligé d'attendre les poursuites, peut craindre de voir disparaître
les preuves de sa libération.

Dans le cas où soit le créancier, soit le débiteur auquel
on a déféré le serment, refuse de le prêter, si la délation
de serment a eu lieu en dehors de toute instance, elle sera
réputée non avenue (Loi 5, § 4, *de jurej*. l. xii, t. 2); si,
au contraire, le serment a été déféré *injure* ou *in judicio*,
la partie qui refusera de le prêter devra succomber
(Loi 38, l. xii, t. 2), car un refus de serment équivaut à
un aveu.

Nous venons de prévoir le cas où le serment porte sur
l'existence même de la dette; s'il portait seulement sur
la question de corréalité, il va sans dire qu'il ne pourrait

profiter qu'à celui auquel il aurait été déféré. (Loi 28, § 1, *de jurej.*)

§ VII. — *Du Jugement.*

Les jurisconsultes comparent souvent les effets du jugement à ceux du serment. (Loi 42, § 3, l. xii, t. 2, et Lois 35, § 1, l. xii, t. 2, et 56, l. xlii, t. 1.) C'est qu'en effet, comme le serment, il n'est pas à proprement parler une cause d'extinction des obligations, il constate bien plutôt l'inexistence des obligations. Aussi, verrons-nous le jugement et le serment produire les mêmes effets sur l'obligation corréale.

On peut s'étonner au premier abord de ne trouver dans les sources du droit Romain aucun texte qui régisse cette importante matière. Cela pourtant s'explique par cette circonstance que la *litis contestatio* anéantissant avant Justinien, le droit déduit *in judicium*, il était inutile de rechercher l'effet de la sentence sur l'obligation corréale. Dans le droit même de Justinien, la question ne pourra se poser par rapport à la corréalité active, si l'on admet, comme nous l'avons fait, que les poursuites exercées par l'un des *correi* continuent à éteindre le droit des autres. Cette question étant pourtant très-vivement discutée, nous examinerons, étant admise l'opinion contraire, quel pourra être l'effet du jugement intervenu entre des *correi stipulandi* et un débiteur commun. Nous aurons donc à étudier, dans le droit de Justinien, l'effet de la sentence soit d'absolution, soit de condamnation par rapport à la corréalité soit active soit passive.

Le jugement d'absolution intervient-il entre l'un des *correi stipulandi* et le débiteur commun? En l'absence de textes, il faut, tirant argument de ce qu'on décide à propos du serment, accorder au débiteur l'exception *rei judicatæ* contre tous les *correi*. Est-ce au contraire entre le créancier commun et l'un des *correi promittendi* que le jugement est rendu? Nous déciderons que tous les débiteurs peuvent user de l'exception; c'est ce que l'on peut induire d'un texte de Paul, la Loi 7, § 1 *de except.* l. xliv, t. 1, où il est dit que l'exception *rei judicatæ*, qui appartient au débiteur principal, peut être invoquée par le fidéjusseur; c'est ce que l'on peut induire aussi, et avec plus de certitude, de la Loi 42, § 3, *de jurej.*, où Pomponius décide que le jugement rendu au profit soit du débiteur principal, soit du fidéjusseur, pourra profiter à l'un et à l'autre; car il est bien certain que, du moment que ce droit est réciproque, il a pour base, non pas le rapport de cautionnement, mais celui de corréalité qui y est contenu (de Savigny, § 19). Demangeat, contrairement à Pothier, tire aussi argument de la Loi 51, § 4, l. xxi, t. 2.

Si après avoir étudié les effets du jugement d'absolution, nous recherchons ceux du jugement de condamnation, comme pour le serment positif, nous ne trouvons de solution dans aucun texte. Aussi la plupart des Jurisconsultes, parmi lesquels M. de Savigny, appliquant ici les règles du serment, décident que l'action *rei judicatæ* ne doit être donnée qu'à ceux des *correi stipulandi* ou contre ceux des *correi promittendi* qui ont figuré dans l'instance.

§ VIII. — *De la Prescription.*

La Loi 5, au Code *de duobus reis*, l. viii, t. 40, règle les effets de la prescription sur l'obligation corréale. Elle décide que l'interruption qui a lieu au regard d'un seul créancier ou d'un seul débiteur doit mettre pour toutes les parties obstacle au cours de la prescription. Cette décision, qui peut paraître peu conforme aux principes, car il n'y a pas de lien entre les divers *correi*, se justifie pourtant par l'unité d'objet ou d'action qui caractérise l'obligation corréale. Des auteurs n'ont voulu pourtant voir dans la décision de la Loi 5, qui est formelle que *l'odium prescriptionis*.

A côté des effets de l'interruption, nous devrions étudier ceux de la suspension de la prescription ; mais comme ils sont tout différents, nous n'en parlerons que dans la section des modes d'extinction relatifs.

———

SECTION DEUXIÈME.

MODES D'EXTINCTION DE L'OBLIGATION CORRÉALE AYANT UN CARACTÈRE MIXTE.

Nous venons d'étudier, dans la section précédente, huit modes d'extinction de l'obligation corréale, qui, lorsqu'ils se produisent, l'anéantissent complètement.

Nous devons maintenant examiner plusieurs modes d'extinction des obligations, qui produiront sur l'obligation corréale un effet mixte, c'est-à-dire tantôt absolu, tantôt relatif, suivant qu'il y aura ou qu'il n'y aura pas société entre les *correi*.

§ 1. — *De la Compensation.*

La compensation ne fut admise que successivement, pour tout autre que l'*argentarius* et le *bonorum emptor*. Elle fut d'abord permise dans les actions *bonœ fidei* (Inst., l. iv, t. 6, § 39, et Gaius, C. 4, § 61, 62, et 63); et plus tard dans les actions de droit strict, en vertu d'un rescrit de Marc-Aurèle, sur l'opposition de l'exception de dol (Inst., § 30). Enfin. sous Justinien, la Constitution 14 au Code *des Compens.*, donne au juge le droit d'opérer la compensation *ipso jure* dans toutes les actions.

Quelle que soit l'époque à laquelle nous nous placions, nous pouvons dire que l'effet produit par la compensation sera le même; mais il variera suivant qu'il s'agira de corréalité active ou passive, de *correi* associés ou non.

Si nous supposons des *correi stipulandi*, dont l'un se trouve débiteur du débiteur commun, il faut décider que ce débiteur commun ne pourra point opposer par compensation, à celui qui l'actionne, la créance qu'il a contre l'un des autres *correi stipulandi;* de même, un *correus promittendi*, actionné par le créancier commun, ne peut pas opposer en compensation la créance que son codébiteur a contre le créancier. *Quare*, dit Cujas, *Lex dum negat, unum ex duobus reis promittendi non sociis posse compensare quod stipulator alteri debet, id tacite in sociis admittit...* (*In tit. Cod. de Compens.*, *ad Leg. 9.*) En effet, la créance qui naît au profit de l'un des *correi* contre le créancier commun, laisse subsister l'obligation corréale; il a donc le droit de poursuivre l'autre *reus*, comme s'il avait seul contracté. (Dig. l. XLV, t. 2, Loi 10.) Il résulte toutefois de la Loi 10, que cette dernière règle doit être modifiée dans le cas où il y a société entre les *correi*. Si les *correi* sont *socii*, la compensation pourra être invoquée par tous les *correi*, afin d'éviter des recours.

La règle posée dans la Loi 10, relativement à la corréalité passive, doit-elle être, par analogie, étendue à la corréalité active? La plupart des auteurs, parmi lesquels Demangeat, de Savigny et de Vangerow, ne le pensent pas, car il peut y avoir un grand intérêt, pour le créancier qui actionne, à obtenir condamnation contre le débiteur commun; si la compensation était possible, l'action *pro socio*, qui lui resterait pour agir contre son *correus*, ne pourrait-elle pas devenir illusoire? De plus, il est dangereux de poser des règles pour la corréalité active, par analogie de ce qui a lieu pour la corréalité passive, car nous avons vu, et nous verrons encore, notamment à propos du pacte de *non petendo*, que bien souvent ces deux corréalités ne sont pas soumises à des règles identiques.

La législation que nous venons d'exposer cesse d'être applicable, si la compensation a été opposée et si elle a fait l'objet d'un règlement entre le créancier commun et celui des *correi promittendi* qui a acquis une créance contre lui, ou entre le débiteur commun et celui des *correi stipulandi* qui a contracté une dette vis-à-vis de lui : une fois en effet arrêtée, la compensation équivaut à un paiement, ou plutôt à une dation en paiement (Dig. Loi 4, l. xx, t. 4), et, comme le paiement, elle éteint les droits ou les obligations de tous les *correi*. (Savigny, § 18, p. 187.)

§ II. — *De la Confusion.*

La confusion a lieu lorsque la qualité de créancier et celle de débiteur se réunissent dans la même personne. Elle est indiquée au Digeste comme éteignant civilement l'obligation (Loi 107, l. xlvi, t. 3) ; cependant, à vrai dire, et de l'avis de M. Ortolan, l'obligation n'est pas éteinte par la confusion, elle paralyse plutôt l'exercice de l'action.

L'effet de la confusion sur l'obligation corréale est indiqué par Paul au Digeste dans la Loi 71 *de fidej.*, l. xlvi, t. 1. Il faut distinguer, dit-il, s'il y a société ou non entre les *correi*.

S'il n'y a pas société, par exemple, entre les *correi promittendi*, et si l'un d'entre eux meurt laissant pour héritier le créancier commun, il eût pu sembler naturel de décider que la dette était éteinte par confusion, comme elle l'eût été par un paiement ; il en serait, en effet, ainsi, si la confusion était un véritable mode d'extinction des obligations. Mais elle n'atteint pas tant l'existence de l'obligation en elle-même, que le rapport de cette obligation avec une certaine personne. Aussi est-il admis que cet événement ne fait sortir de l'obligation que la personne du débiteur décédé; mais que le créancier peut continuer à exercer sa créance contre les autres *correi*, qui seront alors dans la même position que s'ils avaient seuls contracté.

Si, au contraire, il y avait société entre les *correi promittendi*, et si le créancier succède à l'un des débiteurs, les autres seront dispensés de payer dans l'obligation corréale la part pour laquelle ils auraient eu l'action *pro socio* contre leur *correus* décédé.

Les mêmes principes devraient être suivis dans le cas où ce serait l'un des *correi* qui aurait succédé au créancier commun.

Paul prévoit aussi, dans la Loi 71, l'hypothèse dans laquelle, une obligation corréale ayant été cautionnée, l'un des *correi promittendi* succéderait au créancier; et il décide que la confusion entraînera la libération de celui qui avait accédé à l'obligation corréale; car autrement, dit le jurisconsulte, il pourrait à l'instant même recourir *in solidum* contre le créancier qui l'actionnerait; or, nous dit la Loi 8, l. xliv, t. 4 : *dolo facit, qui petit quod redditurus est*.

Nous avons jusqu'à présent supposé que la confusion s'opérait entre le créancier commun et l'un des *rei promittendi*, mais il y aurait lieu à l'application des mêmes règles, si la confusion s'opérait entre l'un des *correi stipulandi* et le débiteur commun.

Doit-on décider qu'il y a confusion dans deux cas un peu différents de ceux que nous venons d'étudier? Lorsque, par exemple, un créancier institue héritier son cocréancier, ou un débiteur son codébiteur, les Lois 13, l. xlv, t. 2; 5, l. xlvi, t. 1; 93, Pr. § 1 et 2, l. xlvi, t. 3, décident cette question négativement: *Si reus sti-*

pulandi extiterit heres rei stipulandi, duas obligationes sustinebit. (Loi 5 in fine *de fidej.*, l. xlvi, t. 1.) L'un des *rei stipulandi*, succédant à l'autre, aura donc deux créances, mais en intentant l'action en vertu de l'une d'elles, il les éteindra toutes deux.

§ III. — *Pactum de non petendo.*

Le pacte *de non petendo*, comme tout *pactum nudum*, ne libérait pas le débiteur *ipso jure ;* mais , en vertu du droit prétorien, il lui fournissait une exception dite *pacti conventi.*

Ce pacte peut être fait par un des *correi stipulandi* au débiteur commun, ou, au contraire, par le créancier commun à l'un des *correi promittendi.* Dans le premier cas, quels que soient les termes du pacte, qu'il soit *in rem* ou *in personam*, il sera toujours sans effet à l'égard des autres créanciers ; c'est ce qui ressort clairement de la Loi 27, Pr. *de pactis*, l. ii, t. 14. Le pacte aura donc seulement pour effet de permettre au débiteur de repousser la demande qui serait formée par celui des créanciers qui l'aurait consenti. (Loi 27, § 4 *in fine.*)

Nous verrons tout à l'heure que, lorsque le créancier commun fait un pacte *de non petendo* avec l'un des *rei promittendi*, il faut distinguer s'il y a ou non société entre les *correi.* Nous pensons que pareille distinction ne doit pas être faite lorsqu'il s'agit de *correi stipulandi ;* c'est ce que décide manifestement la Loi 27, car ce qui est vrai dans l'hypothèse de deux *argentarii socii* doit l'être également dans celle de *correi stipulandi socii.* Quelques auteurs, se fondant sur la Loi 31, § 1, *de novat.*, où Vénuleius décide que l'un des *rei stipulandi* peut éteindre le droit des autres en faisant novation, croient que ce jurisconsulte accorde le même effet au pacte *de non petendo;* nous leur répondrons, avec Cujas, que rien ne justifie leur doctrine : *Quia nec pactio solutioni similis est, sed donationi potius sive remissioni, nec est legitimus modus dissolvendæ obligationis* (Cuj. *in lib.* III, *Pauli ad Edict. in Leg.* 27). Du reste, en fait, si l'existence d'une société doit modifier l'effet du pacte consenti à l'un des *correi promittendi,* c'est qu'autrement le *correus* gratifié ne bénéficierait aucunement du pacte; car lorsqu'ils auraient payé, ses *correi* recourraient contre lui par l'action *pro socio.* Quand il s'agit, au contraire, d'un pacte consenti par l'un des *rei stipulandi*, l'action intentée par les autres *correi* contre le débiteur commun ne lui porte aucun préjudice, le pacte n'ayant eu pour but que de permettre au débiteur de repousser l'action qui serait intentée par le créancier qui l'a consenti.

Des interprètes, entre autres Vinnius (*Select. Quæst. lib.* I, cap. 6), croient que, lorsqu'il s'agit de *rei stipulandi socii,* le pacte consenti par l'un d'eux pourra au moins être opposé aux autres jusqu'à concurrence de la part qui devait revenir à ce créancier. Quelque logique que puisse paraître cette décision, elle est, croyons-nous, contraire à la Loi 27, où se trouvent les règles de notre matière, et dont nous ne pouvons nous écarter sans nous égarer.

Nous pouvons donc résumer notre doctrine sur le pacte de *non petendo* consenti par l'un des *rei stipulandi* au débiteur commun, en disant qu'il ne pourra pas être invoqué contre les autres, qu'il y ait ou non société entre eux, que le pacte soit *in rem* ou *in personam.*

Il en est autrement du pacte de remise fait par le créancier commun à l'un des *rei promittendi* : ses effets varieront suivant qu'il sera *in rem* ou *in personam*, suivant qu'il y aura ou non société entre les *correi*.

Le pacte est *in rem*, quand le créancier dit simplement : *Non petam* ; *in personam*, quand il dit par exemple : *A te prime non petam.*

Si le créancier a fait un pacte de remise *in personam*, ce pacte ne pourra être invoqué que par le débiteur avec lequel il a été fait ; son fidéjusseur ou son héritier même ne pourraient en profiter (Lois 25, § 1 ; 57, § 1, l. ii, t. 14) ; d'où l'on doit conclure que le pacte fait *in personam* par le créancier avec l'un des *correi promittendi* ne pourra pas lui être opposé par ses *correi*, lors même qu'il y aurait eu société entre eux. (Demang., page 291.) Cette décision, qui découle des principes généraux, est confirmée par des textes, notamment la Loi 71, § 1 *de fidej.*, l. xlvi, t. 2.

Les règles sont différentes en ce qui touche le pacte de *non petendo in rem* : *In rem pacta omnibus prosunt, quorum obligationem dissolutam esse, ejus qui paciscebatur, interfuit : Itaque debitoris conventio fidejussoribus proficiet.* (Loi 21, § 5, l. ii, t. 14.) Si le pacte profite ici au fidéjusseur, c'est que le débiteur y a intérêt, parce que le fidéjusseur, forcé de payer, pourrait recourir contre lui par l'action *mandati*. Il en serait autrement si le fidéjusseur s'était engagé *donandi animo*, car alors le débiteur principal n'aurait pas intérêt à ce que le pacte lui profitât. (Loi 32 *eodem.*)

Appliquant à la corréalité la règle renfermée dans la Loi 21, § 5, C. 2, t. 14, il faut décider que le pacte *in rem*, fait avec l'un des *rei promittendi*, ne pourra fournir

aux autres une exception *pacti conventi* que dans le cas
où l'action exercée contre eux réfléchirait contre celui
au profit duquel le pacte aurait été fait ; ce qui arrivera
lorsque les *correi* seront *socii* (Loi 25 *eodem*). Toutefois,
lorsqu'il n'y a pas société entre les *correi promittendi*,
s'il était démontré qu'en faisant le pacte avec l'un des
correi, le créancier avait renoncé à toute espèce de poursuite, les autres *correi* pourraient repousser son action,
non pas par l'exception *pacti conventi*, mais par celle
doli mali ; c'est du moins ce que l'on peut induire des
décisions données pour le fidéjusseur par Paul et Ulpien
dans les Lois 25, § 2, et 26, *de pactis*, l. ii, t. 14.

§ IV. — *Du Legs de libération.*

Le legs de libération produira sur la corréalité des
effets analogues à ceux que nous venons de voir produire
le pacte de *non petendo*. Il n'éteindra pas *ipso jure* l'obligation, car le legs n'est pas un mode d'extinction des
obligations, mais il permettra au débiteur, en faveur
duquel il aura été fait, d'opposer à l'héritier qui le pour-
suivrait l'*exceptio testamenti* ou *doli mali* ; le débiteur
pourra même ne pas attendre les poursuites et agir *ex
testamento* pour obtenir sa libération. Mais le débiteur
gratifié agira différemment suivant que les *correi promittendi* seront associés ou non. S'il n'y a pas société entre
eux, le légataire, par l'action *ex testamento*, obligera son
créancier à conclure avec lui un pacte de *non petendo* ;
il ne pourrait pas exiger qu'il lui fît *acceptilatio*, car
l'*acceptilatio* libèrerait les autres *correi* qui ne doivent

pas profiter du legs. Si, au contraire, les *correi promittendi* sont *socii*, le légataire pourra obtenir, par l'action *ex testamento*, que l'héritier lui fasse *acceptilatio;* en effet, l'intention du testateur a dû être de libérer complètement le légataire; or, pour atteindre ce but, il faut que les autres *correi* soient aussi déchargés, car autrement, obligés de payer, ils recourraient contre leur *correus* par l'action *pro socio*, de telle sorte que le légataire ne retirerait point du legs la libération dont le testateur avait pourtant voulu le gratifier. (Ulpien, Loi 3, § 3, de *lib. Leg.*, l. xxxiv, t. 3.) Du reste, le legs de libération fait à l'un des *rei socii* sera presque toujours fait aux autres, car on suppose que le testateur, connaissant qu'il y a société entre eux, a voulu les gratifier tous. (Loi 3, § 4, *eodem.*) Cependant, si le testateur ignorait le lien qui unit les *correi*, l'*acceptilatio* ne pourrait être exigée que par le débiteur légataire, les autres ne pourraient se défendre contre les poursuites de l'héritier que par une exception *doli mali.* (Loi 29 *eodem.*)

Si le pacte de *non petendo* et le legs de libération produisent, comme nous venons de le voir, à peu près les mêmes effets, ils diffèrent pourtant en ceci : c'est que le pacte de *non petendo in personam* ne pourra être invoqué que par celui des *correi* avec lequel il aura été fait, fussent-ils tous *socii*; le legs de libération, au contraire, fait nominativement à un seul, profitera aux autres. Cela tient à ce qu'à Rome les dispositions testamentaires ont toujours été interprétées largement. (Loi 12 de *reg. jur.*, l. L, t. 17.)

Nous avons vu que, lorsqu'un pacte a été fait par l'un des *correi stipulandi* en faveur du débiteur commun, ce pacte ne pourra avoir d'autre effet que d'empêcher les poursuites que voudrait intenter le créancier qui a conclu le pacte, et qu'il ne pourra pas même être invoqué pour partie contre les autres *correi*. Tel sera aussi l'effet de la remise léguée par l'un des *correi stipulandi*, la décision de la Loi 27 *de pactis* sera donc applicable ici. (Demang. sur la Loi 10.)

§ V. — *Du Compromis.*

Il y a compromis lorsque deux personnes, qui ont un différend, conviennent de le soumettre à des arbitres et se promettent mutuellement une somme dans le cas où l'une d'elles ne se conformerait pas à la sentence arbitrale.

Supposons que parmi des *correi stipulandi*, l'un d'eux fasse un compromis avec le débiteur commun, ou que parmi des *correi promittendi*, l'un d'eux fasse aussi un compromis avec le créancier commun, la sentence étant méconnue par le *correus* qui est demeuré étranger au compromis, la peine sera-t-elle encourue par l'autre? Paul a étudié cette question dans la Loi 34, Pr. *de receptis*, l. iv, t. 8, et il a répondu en faisant cette distinction : s'il y avait société entre les *correi*, la peine pourra être réclamée par le *correus promittendi* qui a fait le compromis, bien que ce soit un de ses *correi* qui soit attaqué, car l'action réfléchit en partie contre lui (Loi 29); si, au contraire, il n'y avait pas société, la poursuite exercée contre le *correus* qui n'a pas fait le compromis ne pouvant préjudicier à celui qui l'a fait, la peine ne sera pas encourue.

La même distinction doit être faite par rapport aux *correi stipulandi*, vis-à-vis du débiteur commun.

Mais remarquons bien que le débiteur commun ne peut point opposer le compromis fait avec l'un des *correi* aux autres, il peut seulement exiger la peine de celui-ci; il n'y a donc pas, comme l'ont prétendu quelques auteurs (Accurse), contradiction entre la Loi 34 et la Loi 27 *de pactis* : *Lex, in quam, illa* (Cujas, *in lib.* xiii, *Pauli, ad edic. ad Leg.* 34 *de receptis in fine*) *in eam partem nihil pugnat : quia et si ad l. si unus* (27) *non de compromisso loquatur; quod fecit unus ex reis credendi, et de sententiâ, quâ arbiter voluit, eam pecuniam petere, quâ de re loquitur hæc l.* 34, etc. (Voyez aussi Pothier, Pand., Just., tit. *de pactis*, n° 45.)

La règle posée par Paul dans la Loi xxxiv *de receptis* se trouve confirmée par plusieurs autres textes. Lois 1 et 14 *ratum rem haberi*, l. xlvi, t. 8). Quant à la décision de la Loi 5, Pr. *si quis*, etc., l. ii, t. 11, elle dérive aussi du même principe; car, de même que l'action intentée contre l'un des *correi promittendi socii*, est censée intentée contre l'autre, de même l'action intentée par l'un des *rei stipulandi socii* sera censée intentée par l'autre.

§ VI. *De la Transaction.*

Comme nous venons de le voir, un différend peut se terminer au moyen d'un compromis; mais il peut aussi être tranché au moyen d'une transaction, c'est-à-dire d'un abandon réciproque (Loi 58, Code *de trans.*, l. ii,

l. 4). On peut se demander quel effet cette transaction produira sur l'obligation corréale; le rapport d'obligation sera-t-il anéanti au regard des *correi* qui y seront restés étrangers?

La transaction étant une opération complexe, renfermant soit un paiement, soit un pacte de remise, il faut décider que pour partie elle éteindra l'obligation vis-à-vis de tous les *correi* comme le ferait un paiement, et pour partie elle ne devra être considérée que comme un pacte de remise, sur l'efficacité duquel nous nous sommes expliqué.

SECTION TROISIÈME.

MODES D'EXTINCTION DE L'OBLIGATION CORRÉALE RELATIFS OU IN PERSONAM.

§ I. — *De la Capitis deminutio.*

La Loi 19 (*de duobus reis*) nous fournit un cas dans lequel un des *correi* est libéré, sans que pour cela les autres cessent d'être tenus, *persona liberatur, manente obligatione.* Lorsque, en effet, un *correus* est *capitis deminutus,* il disparaît du rapport d'obligation. (Gaius, C. 3, § 84, et C. 4, § 38. Loi 2, § 1 et 2, l. iv, t. 8, et Loi 7, § 2, et 3 *codem.*) D'où il faut conclure, que le *correus capitis deminutus,* ne pourrait plus être cautionné, tandis que ses *correi* le pourraient. (Loi 19 expliquée par la Loi 47, *pr. de fidej.*, l. XLVI, t. 1.) Quant au fidéjusseur valablement fourni par le débiteur, qui plus tard encourt la *capitis deminutio*, il demeure obligé, parce que la dette principale subsiste toujours (Loi 11, au Code de Excep., l. VIII, t. 36) : *Quoties persona tantùm eximitur, liberatio tantùm personæ proderit, non cæteris personis, quæ accesserunt obligationi.* (Cujas, *in lib.* IX, Quæst. Pap., ad Leg. 47.)

Comme dans le cas de *capitis deminutio*, dans celui de cession de biens, les *correi* de celui qui l'aura faite, resteront tenus de tout ce que le créancier n'aura pas reçu. C'est ce qui résulte *a fortiori* des Inst., § 4 *in fine*. (*De Replic.*, l. IV, t. 14.)

§ II. — *De l'In integrum restitutio.*

Lorsque l'un des *correi* obtiendra l'*in integrum restitutio*, les autres resteront tenus *in solidum* sans aucun doute, s'il n'y avait pas société entre eux. C'est ce qu'on peut induire par analogie de la Loi 48, *Pr. de minor.*, l. IV, t. 4. La question est au contraire controversée, dans le cas où il y avait société entre les *correi*. Quelques auteurs, s'appuyant sur la Loi 48, § 1, *de fidej.*, l. XLVI, t. 1, soutiennent que lorsque parmi des *correi socii*, il en est un qui obtient l'*in integrum restitutio*, les autres doivent être libérés partiellement. On voit dans ce texte, que c'est seulement dans le cas où le mineur a intercédé postérieurement à la fidéjussion émanée du majeur, que Papinien décide que ce dernier ne pourra se prévaloir de la restitution accordée à son codébiteur. Mais, dans la pensée de Papinien, il faudrait décider autrement, si les deux fidéjusseurs s'étaient obligés simultanément, c'est-à-dire que, dans ce cas, le fidéjusseur majeur ne perdra pas son droit au bénéfice de division, malgré la restitution de son cofidéjusseur, et qu'il pourra se dispenser de payer la part de la dette dont l'aurait déchargé le bénéfice de division sur lequel il a compté.

Cet argument, tiré de la Loi 48, n'est point concluant, suivant nous, et la décision de Papinien ne devrait pas être la même, si au lieu de fidéjusseurs, il s'agissait de *correi promittendi*, car le fidéjusseur qui a ignoré l'âge de son cofidéjusseur et le danger que par là même il pourrait courir, a commis une faute moindre que le *correus* qui n'a pas prévu, en formant une société avec son codébiteur mineur, que ce dernier pourrait obtenir une *in integrum restitutio*. Traitant, en effet, directement avec lui, il devait s'enquérir de sa condition, tandis que, dans la fidéjussion, c'est le créancier seul, et non pas le fidéjusseur, qui traite avec le cofidéjusseur. Ce qui prouve, du reste, que les motifs que nous venons d'exposer, pour traiter différemment les *cofidéjussores* et les *correi socii*, sont fondés, c'est que la Loi 48 Pr. décide que si, au lieu d'être un mineur, le fidéjusseur qui se fait relever de son obligation était une femme, comme son cofidéjusseur n'aurait pas pu se faire illusion sur son incapacité, il serait tenu *in solidum*.

Il faut donc décider en principe, contrairement à ce que pensent les auteurs dont nous venons de combattre l'opinion, que l'*in integrum restitutio*, accordée à l'un des *correi socii*, ne diminuera pas l'obligation des autres. Notre opinion peut puiser encore un argument d'analogie dans la Loi 13, *Pr.*, *de min.*, l. IV, t. 4, par laquelle

Ulpien décide que, lorsqu'un débiteur principal obtient l'*in integrum restitutio*, son fidéjusseur n'est aucunement libéré. (De Savigny, § 19, 13. Demangeat.)

§ III. — *De la Prescription.*

Nous avons cité plus haut les effets de la prescription sur la corréalité, au point de vue de l'interruption ; nous devons ici dire un mot de la suspension de la prescription. Dans le cas où la prescription ne court plus en faveur de l'un seulement des *correi*, par suite d'une cause qui lui est personnelle, telle que la minorité, elle ne cessera pas de courir contre ses *correi*. Cette décision, écrite dans aucun texte, ne peut pas être mise en doute (Savigny, § 19, 12.)

§ IV. — *De la Perte de la chose.*

La perte de la chose arrivée pendant la demeure ou par la faute de l'un des codébiteurs, n'aura certainement pas pour effet d'éteindre l'obligation au regard du débiteur coupable ou *in morâ* ; mais quel effet produira-t-elle au regard des autres *correi* ? La Loi 18 (*de duob. reis*) décide : *Alterius factum alteri quoque nocere*, c'est-à-dire que chaque débiteur répondra du fait de son codébiteur, comme le fidéjusseur répond du fait du débiteur principal (Loi 58, § 1, *de fidej.*, l. XLVI, t. 1). Il est donc certain que si l'un des *correi* tuait, par exemple, l'esclave qui faisait l'objet de l'obligation, ni lui ni ses codébiteurs ne seraient libérés, et cela lors même qu'il aurait ignoré l'existence de l'obligation à laquelle il était lié. (Paul, Loi 91, § 2, *de verb. oblig.*) Mais il en serait autrement, si le *correus* avait obéi, en tuant l'esclave, à une nécessité véritable (Loi 96, *de verb. oblig*).

Nous venons de supposer que la perte de l'objet dû est arrivée par suite d'une faute *in faciendo*, mais que faudrait-il décider si elle était arrivée par suite d'une faute *in omittendo*? Pour les auteurs qui, comme M. Demangeat, ne reconnaissent comme source de la corréalité que les contrats de droit strict, la perte qui arrive par la négligence de l'un des *correi* doit évidemment éteindre l'obligation. (91 *Pr. de verb. oblig.* Demang. *des oblig. solid.*, page 375, et cours de Droit, page 581.) Dans le système, au contraire, que nous avons adopté, d'après lequel les *correi promittendi*, aussi bien que les débiteurs solidaires, peuvent être soumis à une action *bonæ fidei*, il y a lieu, semble-t-il, de décider que, lorsque la corréalité résultera non d'un contrat de droit strict, mais d'un contrat de bonne foi, chaque *correus* répondra tout à la fois de la faute *in faciendo* et de la négligence de ses *correi*. (Dem. page 375.)

Le *factum* de l'un des *correi* nuira donc aux autres (Loi 18, *de duobus reis*).

S'agit-il de la demeure, elle ne nuit point au contraire aux autres *correi* : *Si duo rei promittendi sint, alterius mora alteri non nocet.* (Loi 32, § 4, *de usuris*, l. xxii, t. 1, et Loi 173, § 2, l. l, t. 17.) L'interpellation, en effet, adressée à l'un des *correi* ne met pas en demeure les autres ; et s'il en est différemment dans les rapports d'un débiteur principal et de son fidéjusseur (Loi 88,

l. LXV, t. l'), cela tient à ce que le fidéjusseur garantit d'une manière indéfinie le paiement de l'obligation principale.

Cette différence qui existe entre les effets du *factum* et de la *mora* résulte à notre avis de textes indiscutables; elle est de plus parfaitement équitable : en effet, de deux choses l'une, ou l'obligation corréale était échue pour tous les *correi*, ou l'échéance n'était encore arrivée que pour l'un d'entre eux. Dans le premier cas, les débiteurs ne peuvent-ils pas dire raisonnablement au créancier : que ne nous avez-vous pas poursuivis, nous aurions délivré l'objet dû, et la perte ne serait pas arrivée? Le créancier a donc à se reprocher de n'avoir pas interpellé tous les débiteurs, et il est juste qu'il supporte les conséquences de sa faute. Dans le deuxième cas, quand le créancier interpelle celui des débiteurs pour lequel l'obligation corréale est échue, les autres ne peuvent pas être en demeure avant de pouvoir être poursuivis; au contraire, en cas de faute *in faciendo*, jamais la responsabilité d'un homme n'est subordonnée à la circonstance que sa dette était échue (Dem. page 587).

Malgré les textes précités et les raisons qui les justifient, Dumoulin a prétendu que la même règle était applicable au *factum* et à la *mora* de l'un des *correi promittendi*, et il a cherché à détruire les arguments que nous avons puisés à l'appui de notre système dans les Lois 32, § 4, *do usuris*, et 173, § 2, *de reg. juris*. D'après lui, il ne s'agit pas dans ces Lois de *duo rei promittendi*, mais de débiteurs d'une même dette entre lesquels il n'existe point de corréalité, tels que des *expromissores* ou des *fidejussores* (Dumoulin, Traité *dividui* et *individui, pars* 3ª, nº 124). Il s'appuie, pour justifier son opinion, sur la signification générale du mot *reus*, et sur la place qu'occupent les Lois 32, § 4 et 173, en dehors du titre *de duobus reis;* il soutient que le fait et la demeure de l'un des *correi* ne nuisent pas aux autres, en ce qu'ils ne sont point tenus des intérêts ou dommages-intérêts extrinsèques. Ainsi, selon Dumoulin, le fait ou la mise en demeure de l'un des *correi* nuit aux autres, ou ne leur nuit pas, suivant que l'on considère les dommages-intérêts extrinsèques, ou l'obligation de payer la valeur de la chose due qui a péri ; le fait et la demeure nuisent *ad perpetuandam*, ils ne nuisent pas *ad augendam obligationem.*

Ce système est arbitraire; car comment admettre que quand Marcien dit : *Alterius mora alteri non nocet*, il entende ne pas parler d'une manière générale; de plus, il ne repose sur aucun texte; il manque même d'exactitude, car il n'est pas vrai de dire que la *mora* ne nuise pas, en définitive, quand elle nuit seulement *ad perpetuandam obligationem;* le *reus insons* souffrira bien évidemment de la faute de son *correus*, si le corps certain qui a péri lui appartenait en tout ou en partie. Le système enfin de Dumoulin repose sur une distinction à faire entre la valeur vénale et les intérêts extrinsèques; or, cette distinction n'est pas possible, si l'on n'admet comme source de la corréalité que les obligations *stricti juris*, car, dans une *condictio*, la condamnation ne peut jamais dépasser la valeur réelle de la chose (Lois 193 et 179, l. L, t. 16 ; 4, Pr. *de usuris*, XXII, t. 1 ; 3, § 1, l. XIX, t. 1 et 75, *de verb. Oblig.* Demangeat, *Contrà.* Savigny, Loi 114, *de verb. Oblig.*, et 75, § 7.

Il faut donc admettre une règle différente pour le cas où la chose due par des *correi* périt par la faute de l'un d'eux, et le cas où elle périt pendant sa demeure, c'est ce que Cujas a parfaitement distingué en ces termes : *Mora personæ cohæret, mora fit in personâ tantùm. Et ideò mora unius ex reis promittendi non nocet alteri. Et is qui moram non facit, liberatur re promissâ naturaliter extinctâ, etiamsi correus fecerit, et solus correus obligatus manet. At si hominem promissum unus ex reis occiderit, quod factum interpretes etiam moram appellant malè (separatur enim mora a facto hujusmodi, a delicto hujusmodi), non liberatur alter, qui non occidit.* (*In lib.* 27, *Quæst. Pap. in Leg.* 9, § 1, *de d. reis.*)

CHAPITRE QUATRIÈME

Des effets de la Corréalité imparfaite ou de la Solidarité dans les rapports des débiteurs vis-à-vis du créancier commun.

Nous avons exposé plus haut en quoi consiste et d'où dérive la corréalité imparfaite ; mais, comme pour la corréalité parfaite, nous devons rechercher, afin de connaître les rapports des débiteurs vis-à-vis du créancier, quels effets produiront sur la solidarité les différents modes d'extinction des obligations.

SECTION PREMIÈRE.

MODES D'EXTINCTION DE LA CORRÉALITÉ IMPARFAITE ABSOLUS OU IN REM.

La corréalité imparfaite étant une obligation multiple, mais dans laquelle le créancier ne peut néanmoins se faire payer qu'une fois, tout mode d'extinction des obligations qui, comme le paiement, la dation en paiement, désintéresse complètement le créancier, anéantira complètement l'obligation corréale imparfaite. Nous en dirons autant de la novation, qui, comme le dit Vénuleius, est semblable au paiement. Quant à l'*acceptilatio*, qui est aussi un équivalent du paiement (Gaius, 3, § 169), nous n'avons pas à rechercher quel effet elle produira sur la corréalité imparfaite, du moment où, étant un mode d'extinction qui s'applique exclusivement aux obligations créées *verbis*, c'est-à-dire à des obligations corréales parfaites, elle ne pourra jamais être employée pour éteindre une obligation corréale imparfaite. Pourtant, par exception, les actions *adjectitiæ qualitatis* seront éteintes par *acceptilatio*. (Savigny, § 21, page 235.)

SECTION DEUXIÈME.

MODES D'EXTINCTION RELATIFS OU IN PERSONAM.

Les modes d'extinction des obligations que nous allons maintenant étudier, ne produiront pas un effet absolu sur la corréalité imparfaite, comme sur la corréalité parfaite, et cela tient à ce que l'obligation corréale parfaite étant une, tout mode d'extinction qui portera sur l'obligation même l'éteindra, quand même le créancier ne serait pas désintéressé; tandis que l'obligation corréale imparfaite étant multiple, l'extinction de l'obligation à l'égard de l'un des débiteurs, n'empêchera pas le créancier d'agir contre les autres, tant qu'il n'aura pas reçu tout ce qui lui est dû.

§ I.

Nous devons citer en première ligne, parmi les modes d'extinction qui n'atteindront la corréalité imparfaite que d'une manière relative, la *litiscontestatio*. On trouve, en effet, dans le *Digeste* plusieurs textes où, supposant que l'un des débiteurs solidaires est poursuivi, on décide que les autres ne seront libérés non pas *litiscontestatione sed solutione*. Ce sont, par exemple, les Lois 1, § 10, 2, 3 et 4, *de his qui effud. vel dejec.*, l. ix, t. 3, dans lesquelles plusieurs habitants étant tenus *in solidum* de l'action établie par le préteur en vue des accidents résultant de chute d'objets sur la voie publique, il est dit : *Sed, si cum uno fuerit actum, cæteri liberantur perceptione non litiscontestatione*. C'est encore la Loi 82, § 3, *de fidej.*, où nous trouvons ceci à propos de plusieurs *mandatores* : *Plures ejusdem pecuniæ credendæ mandatores, si unus judicio eligatur, absolutione quoque secutâ, non liberantur, sed omnes liberantur pecuniâ solutâ.* Beaucoup d'autres textes établissent d'une manière péremptoire que l'effet de la *litiscontestatio* sur la corréalité imparfaite est bien tel que nous venons de l'indiquer. Pourtant, les actions *adjectitiæ qualitatis* font exception à la règle que nous venons de poser, et elles seront complètement éteintes par la *litiscontestatio*. Le motif de cette particularité est purement accidentel, elle ne tient nullement à la nature de ces actions, mais simplement à la forme qu'elles revêtent, c'est-à-dire à ce que dans les deux actions, principale et accessoire, l'*intentio* est conçue dans les mêmes termes et contient les noms des mêmes personnes. (Lois 9, § 1, l. xiv, t. 4; 4, § 5, l. xiv, t. 5, et Loi 1, § 24, l. xiv, t. 1.)

L'effet produit sur la corréalité imparfaite, par le pacte de *Constitut* dépend de la nature même de ce pacte. Dans l'opinion des auteurs qui le regardent comme un équivalent du paiement, il éteindra complètement l'obligation; dans l'opinion, au contraire, de ceux qui ne voient dans ce pacte que l'adjonction d'une nouvelle action à l'action primitive, il n'aura qu'un effet relatif vis-à-vis du débiteur qui le consentira.

Ne produiront encore qu'un effet relatif sur la corréalité imparfaite, absolument comme la *litiscontestatio*, le serment prêté par l'un des débiteurs, la sentence d'absolution rendue en faveur d'un seul des débiteurs (Loi 52, § 3, l. xlvi, t. 1), le compromis, la transaction (Loi 15, l. xxvii, t. 3 et 1 au Code, l. ii, t. 4), et la prescription. Enfin le *factum* de l'un des *correi* ne nuira pas aux autres.(Lois 1, § 43, *in fine dep.*, l. xvi, t. 3 et 5, § 15, *in fine commod.*, l. xiii, t. 6.) *Factum unius alteri non nocet, quod tamen aliter se habet in duobus reis.* (Cujas, C. de la Loi 60, § 2, *Mand. lib.* 1, *resp. Scævolæ.)*

<h2 style="text-align:center">§ II.</h2>

Les modes d'extinction des obligations qui produisent sur la corréalité parfaite tantôt un effet absolu, tantôt un effet relatif, suivant que les *correi* sont ou non *socii*, éteindront au contraire toujours pour partie l'obligation corréale imparfaite, à cause des rapports différents qui existent entre *correi* proprement dits et entre débiteurs simplement solidaires. (Dem., page 279 et 233.)

C'est ainsi que la Loi 10, *de duobus reis*, ne sera pas applicable à la corréalité imparfaite, et que les débiteurs solidaires pourront toujours opposer la compensation du chef d'un de leurs codébiteurs ou créancier commun. De même les débiteurs solidaires pourront se dispenser de payer à celui de leurs codébiteurs, en la personne duquel la confusion se sera opérée, la part qu'il devait supporter dans la dette commune. En ce qui concerne enfin le legs de libération et le pacte de *non petendo*, du moment où ils rendent la cession d'action impossible, les débiteurs solidaires pourront toujours, contrairement à ce qui a lieu pour les *correi* proprement dits, opposer au créancier le pacte ou le legs fait à un seul d'entre eux jusqu'à concurrence de la part pour laquelle ils auraient recouru contre lui. (Loi 45, *de adm. et peric. tut.*, l. xxvi, t. 7.)

§ III.

Nous avons vu, à propos de la corréalité parfaite, qu'il est des modes d'extinction des obligations *in personam*, tels que la *capitis deminutio*, l'*in integrum restitutio*; qu'il nous suffise de dire que, soit par rapport à la corréalité parfaite, soit par rapport à la corréalité imparfaite, ils n'auront toujours pour effet que de diminuer le nombre des obligés.

CHAPITRE CINQUIÈME

Rapports des Correi entre eux.

Comme nous l'avons dit, le caractère fondamental de l'obligation corréale, c'est le droit qu'a chaque créancier de demander le paiement intégral de la créance, et la nécessité pour chaque débiteur de payer la dette entière. Mais tout est-il donc terminé par ce paiement, le hasard décidera-t-il qui devra en profiter, ou qui devra le supporter exclusivement? Les créanciers qui auront vu s'éteindre leur créance par le paiement fait à l'un d'eux, n'auront-ils pas le droit d'en réclamer leur part, et les débiteurs qui auront été libérés avec l'argent de leur codébiteur, ne seront-ils pas tenus de l'indemniser? Cette question a donné lieu à bien des controverses, car ce n'est qu'en remontant aux principes généraux et en étudiant des textes épars et souvent contradictoires, que l'on peut arriver à connaître comment doit se faire le règlement entre *correi*.

En principe, croyons-nous, celui des *correi stipulandi* qui a reçu le paiement intégral, n'a aucun compte à rendre à ses *correi*. De même, pour les *correi promittendi*, celui qui a payé n'a aucun recours contre ses *correi*, pour se faire indemniser. (Loi 62, *Pr. Dig.*, l. xxxv, t. 2.) Mais, à côté de ce principe, il y a de nombreuses exceptions; aussi des auteurs, perdant de vue le principe, ont-ils essayé de soutenir qu'un recours serait toujours possible. Nous verrons, après avoir examiné les exceptions, quelle est la valeur de ce système.

§ I. — *Action pro socio.*

Quand les *correi*, soit *stipulandi* soit *promittendi*, se trouvent entre eux dans un rapport de société, le recours des cocréanciers contre celui d'entre eux qui a reçu le paiement, ou du débiteur qui l'a effectué contre ses codébiteurs, s'exercera au moyen de l'action *pro socio*. Ce recours n'est pas susceptible de controverse, car il résulte de la nature même de la société; il est de plus écrit dans plusieurs textes. (Loi 62, *Pr. ad Leg. Falc.*, l, xxxv, t. 2, et Loi 29 *Dig.*, l. xxxiv, t. 3.)

§ II. — *Actionis communi dividundo et familiœ erciscundœ.*

Le recours qui existe entre *correi* liés par un contrat de société, est possible aussi lorsque la société, au lieu de résulter d'une convention, existe de fait, sans convention, en vertu d'un legs par exemple. Ainsi ce recours s'exerce, dans le cas d'indivision, par l'action *communi dividundo*, si l'on suppose que les copropriétaires d'une maison empruntent une somme pour la réparer (Loi ɪv, § 3, et Loi 6, § 2, *de C. Divid.*, l. x, t. 3); par l'action *familiæ erciscundæ*, si les *correi* étaient cohéritiers, (Loi 18, § 3, l. x, t. 2.)

§ III. — *Action Mandati.*

A défaut de société entre *correi*, il peut y avoir mandat. Cette hypothèse se présentera, lorsque des *correi* se seront portés fidéjusseurs les uns des autres (Loi 11, *Pr., de d. reis)*; de ce cautionnement réciproque, naîtra l'action *mandati*, pour celui d'entre eux qui aura payé la dette entière. Mais, disons en passant, que le créancier pourra, bien qu'il n'ait aucun intérêt à le faire, paralyser cette action *mandati*, en actionnant le débiteur pour la totalité, en qualité de débiteur principal, au lieu de l'actionner, soit comme débiteur principal, soit comme caution.

Le mandat pourra aussi exister entre *correi stipulandi*, si l'on suppose, par exemple, deux personnes qui, prêtant chacune une somme égale à un tiers, et prévoyant d'être obligées de s'absenter alternativement, établissent entre elles un rapport de corréalité. L'existence d'un contrat réciproque de mandat entre ces deux cocréanciers, est aussi incontestable que dans le cas de mutuelle fidéjussion. Il y aurait également lieu à recours entre *correi stipulandi*, par l'action *mandati*, lorsque, pour éviter les inconvénients de la règle que l'on ne peut agir par procureur, un créancier engagera d'autres personnes à se porter *correi stipulandi* avec lui ; un *adstipulator* aurait pu sans doute remplir le même rôle, mais il était souvent préférable de s'adjoindre un *correus* plutôt qu'un *adstipulator*, car ce dernier ne transmettait pas à ses héritiers le droit résultant pour lui de l'*adstipulatio*. Il y aurait aussi lieu à action *mandati* entre *correi promittendi*, lorsque, avant l'introduction des fidéjusseurs, au lieu de faire intervenir des *sponsores* et des *fidepromissores*, en faveur desquels des règles exceptionnelles avaient été admises (Gaius, C. 3, § 120, 121), un débiteur faisait engager avec lui d'autres personnes en qualité de *correi*, de manière à fournir des sûretés à son créancier. Disons toutefois que, d'après M. de Savigny, les Romains, si respectueux pour les formes, devaient reculer devant de semblables procédés (§ 22.)

§ IV. — *Action negotiorum gestorum.*

Nous venons de voir que les *correi* auront un recours, lorsqu'il y aura entre eux indivision, société ou mandat réciproque ; ce sont là des exceptions au principe que nous avons déjà formulé, d'après lequel il n'existe pas entre *correi* de recours *ipso jure* (Loi 62, *Pr.*, l. xxxv, t. 2, et Code, Loi 2, l. viii, t. 40), et qui dérive notamment de la nature même de la stipulation.

Toutefois, ainsi que nous l'avons dit, quelques jurisconsultes, trouvant inique que ce soit le hasard qui décide quel sera celui des *correi* qui recevra ou payera la dette entière, ont admis qu'il existait *ipso jure* un recours entre eux.

Ils ont cherché d'abord à l'établir sur un mandat réciproque. Bien que le plus souvent il soit vrai de dire que les *correi* se sont pour ainsi dire donné mutuellement mandat de conclure le contrat commun, pourtant, comme on ne trouve nulle part dans les textes cette idée de mandat réciproque, et que d'autre part elle ne peut être comprise que dans les cas où la corréalité naît d'une convention, il n'est pas possible d'admettre que le mandat soit la base d'un recours entre *correi ipsojure*.

A défaut de l'action *mandati*, l'action *negotiorum gestorum* pourrait-elle nous fournir ce moyen de recours? Mais ce serait encore une erreur de s'attacher à cette circonstance que tous les *correi promittendi* sont libérés par le paiement émanant d'un seul d'entre eux, pour attribuer au débiteur qui paye toute la dette une action *negotiorum gestorum* contre ses codébiteurs, car, en payant toute la dette, il ne paye en réalité que sa propre dette qui comprenait la somme toute entière; il pourvoit donc à sa propre sûreté. La dette de son codébiteur est même éteinte avant le paiement, lorsqu'on se place à une époque antérieure à Justinien.

On trouve pourtant une décision de Julien, la Loi 30 au Dig. *de neg. gest.*, l. III, t. 5, qui décide que le débiteur qui a payé peut recourir contre ses codébiteurs par l'action *negotiorum gestorum*. Ce texte a été diversement interprété. Cujas croit que la décision de Julien est fondée sur ce qu'il s'agit de personnes *quæ commune officium gerunt* (C. *in lib.* 3, Salv. Jul.), c'est-à-dire sur l'indivisibilité de la gestion; si on admettait cette explication, la décision donnée au cas de tuteurs ou de magistrats devrait s'appliquer aussi à des commodataires ou des dépositaires, etc.

M. de Vangerow admet, en se fondant sur la Loi 50, que l'action *negotiorum gestorum* appartiendra aux *correi* dans le cas de corréalité imparfaite seulement, car alors l'obligation étant multiple et non pas une, comme dans la corréalité parfaite, le débiteur qui paye toute la dette éteint avec son obligation personnelle celle de ses codébiteurs (Pandectes, p. 78 et 81).

Quant à M. Demangeat, il explique la Loi 50 historiquement (sur la Loi 9): Avant le IIIe siècle, on donnait, dit-il, l'action *negotiorum gestorum* à quiconque ayant fait une dépense dont un tiers avait profité, n'avait pas d'autre moyen de se faire indemniser; plus tard, au IIIe siècle, on exigea non-seulement qu'on ait fait, mais encore que l'on ait eu l'intention de faire l'affaire d'autrui (Loi 14, § 1, l. x, t. 3); mais cette doctrine, qui triompha, ne s'établit pas immédiatement, et, d'après M. Demangeat, Africain enseigna encore la doctrine contraire dans la Loi 49, *de neg. gest.*, l. III, t. 5; or, comme Julien vivait à la même époque, il est permis de croire qu'il a reproduit l'opinion d'Africain.

Dans ce système, la Loi 50 ne peut donc pas être invoquée pour soutenir que le *correus* qui paye toute la dette peut recourir contre ses *correi* par l'action *negotiorum gestorum*, puisqu'elle n'est que l'expression d'une opinion abandonnée sur la question qui nous occupe (Dem. sur la Loi 9).

Quand bien même aucune des explications que nous venons d'exposer ne serait admise, ce texte seul ne serait point suffisant pour détruire le principe que l'existence d'un intérêt commun ne se présume pas. Il faudrait pour cela des textes précis, et ce n'est pas à Rome, où le respect des formes produisait les effets que nous connaissons, qu'il suffirait d'invoquer l'équité pour interpréter le droit.

Du reste, la Jurisprudence Romaine ne tarda pas à voir les conséquences iniques qu'amenait l'absence de tout recours entre *correi*, et elle chercha à y remédier en établissant au profit du débiteur qui, sur les poursuites du créancier, a payé toute la dette, le bénéfice *cedendarum actionum*. L'obligation où furent les Jurisconsultes Romains de créer un expédient n'est-elle pas la preuve la plus évidente que dans maintes circonstances aucun recours n'était possible. On voulut, sans détruire un principe trop rigoureux, céder aux idées d'équité qui dominaient de plus en plus les esprits.

§ V. — *Du Bénéfice cedendarum actionum.*

Le bénéfice *cedendarum actionum* fut introduit peu à peu par les Prudents dans le but de venir au secours du débiteur corréal, qui, ayant payé toute la dette, n'a, pour recourir contre ses *correi*, aucune des actions *pro socio*, *mandati*, ou *negotiorum gestorum* (*Pap. Dig.*, Loi 68, *de evict.*, l. xxi, t. 2, et Loi 47 in fine, l. xix, t. 2).

Ce recours est, entre tous, le plus général et le plus important. Pour l'obtenir, à cause de l'impossibilité de céder une créance directement (Gaius, C. 2, § 38 et 39), il fallait, lorsque l'on voulait céder ses actions, charger quelqu'un de poursuivre le remboursement de sa créance en qualité de mandataire, de manière à en faire un *procurator in rem suam* (Loi 30. Dig., l. iii, t. 5

et 13 *de pactis*, l. II, t. 14). On arrivait ainsi à un résultat analogue à celui que l'on aurait obtenu par une cession véritable.

Le débiteur qui payera toute la dette aura donc droit à la cession. Mais le paiement, ayant éteint la créance, ne rendra-t-il pas toute cession impossible? En droit, il en devrait être ainsi; mais, par une fiction, le paiement fut considéré par les jurisconsultes comme un achat que le débiteur aurait fait de la créance : Le créancier *non in solutum accepit, sed quodam modo nomen debitoris vendidit*. (Loi 36 *de fidej.*, et Loi 21, l. XXVII, t. 3.)

On peut prévoir deux hypothèses : Le créancier peut céder volontairement ses actions, ou il peut s'y refuser. Dans le premier cas, il n'est pas besoin de justifier la cession (de Savign. § 23); dans le deuxième, chaque débiteur pourra refuser le paiement de la dette entière tant que le créancier n'aura pas consenti à lui céder son action contre ses codébiteurs; il y aurait, en effet, dol de sa part à ne point l'accorder, du moment où elle ne lui enlève pas la plus minime parcelle de son droit, et où il reçoit le paiement de la totalité de la dette.

Si, au lieu de refuser la cession de ses actions au débiteur qui le paye, le créancier s'était mis dans l'impossibilité de les lui céder, en consentant, par exemple, un pacte *de non petendo* aux autres débiteurs, il faudrait décider que le créancier aurait, par là même, méconnu son obligation, et qu'on pourrait lui opposer la maxime *Frangenti fidem fides frangatur*; par conséquent, le débiteur actionné pourra refuser de payer la partie de la dette pour laquelle il ne pourrait plus recourir contre ses codébiteurs; il pourra dire au créancier : Je ne vous dois que la portion de la dette pour laquelle je n'avais pas de recours à espérer. (Lois 45 , l. xxvi, t. 7 et 95 , § 11, l. xlvi, t. 3. La décision donnée par cette dernière Loi s'explique par les rapports existant entre le prêteur et le *mandator pecuniæ credendæ ;* elle prévoit le cas où le créancier n'a pas rempli ses obligations, elle décide que le *mandator* pourra alors se dispenser de remplir les siennes.

Si le créancier actionne le débiteur, celui-ci pourra lui demander la cession d'actions soit *in jure,* soit *in judicio ;* si c'est *in jure,* que le créancier la lui refuse, le magistrat pourra ne pas lui accorder la formule d'action ; si c'est *in judicio,* le juge ne prononcera pas de condamnation. Le débiteur pourra donc invoquer le bénéfice de cession, même après la sentence prononcée, s'il s'agit de corréalité imparfaite , lorsque le créancier intentera l'action *judicati* (Loi 1, § 18, l. xxvii, t. 3, et Loi 41 , § 1, *de fidej.*). Mais la cession d'actions devient impossible après le paiement , car il est de principe que le paiement fait par l'un des *correi* éteint la dette à l'égard de tous. (Loi 76, *de solut.,* l. xlvi, 3.)

Dumoulin (*Prima lectio Dolana,* nᵒˢ 19 et 20) a prétendu qu'à Rome la subrogation de plein droit dans les actions du créancier, avait lieu au profit du débiteur, qui, payant toute la dette, n'avait point eu le soin de se les faire céder. Cette théorie est inadmissible , car elle est en contradiction évidente avec la décision contenue dans la Loi 76. Dumoulin suppose alors que, dans le fragment de Modestin , la dette solidaire a été payée par un tiers, mais rien ne justifie cette assertion. L'opinion de Modestin est confirmée du reste par une Constitution des empereurs Sévère et Antonin (Loi 1 au Code, l. v, t. 58).

Jusqu'ici, tous les textes que nous avons cités pour établir l'existence du bénéfice *cedendarum actionum*, prévoient des cas de corréalité imparfaite; il n'est donc pas douteux que les débiteurs simplement solidaires puissent profiter de la cession, à moins, toutefois, qu'ils n'aient donné lieu à la poursuite par leur dol (Loi 2, Code l. v, t. 58), ou que les poursuites exercées *in solidum* soient fondées sur un dol commun à tous (Loi 1, § 14, l. xxvii, t. 3).

II.

Nous devons rechercher maintenant si le bénéfice de cession pourra aussi être invoqué par les *correi* proprement dits.

D'un texte de Papinien, la Loi 65 *de evict.*, l. xxi, t. 2, on peut tirer un argument *a contrario*, en faveur de l'affirmative; en effet, dans l'hypothèse prévue, Papinien refuse le bénéfice *cedendarum actionum*, parce qu'il n'y a pas corréalité : qu'est-ce à dire, si ce n'est qu'il en serait autrement s'il s'agissait de *correi promittendi?* La plupart des jurisconsultes admettent le bénéfice *cedendarum actionum* au profit des *correi*. (Savign., § 25, Demang., page 252.) M. de Vangerow est pourtant d'un avis opposé, il croit qu'il n'y a pas toujours lieu à un recours; s'il n'y a pas cession d'actions, suivant lui, dans la Loi 65, c'est que chaque héritier est obligé pour moitié et non pour le tout.

La Loi 62, *Pr. ad. Leg. Falc.*, l. xxxv, t. 2, semblerait faire pourtant supposer que celui des *correi* qui paiera, n'aura pas de recours contre les autres, car, dit Julien : *Quod si societas inter eos nulla fuisset in pendenti esse in utrius bonis computari oporteat id quod debetur vel ex cujus bonis detrahi.* Comment donc concilier ce texte avec la Loi 65 *de evic.* ?

M. Demangeat pense que la décision de Julien ne contredit aucunement la Loi 65, parce qu'elle a été écrite à une époque où les Prudents n'avaient pas encore reconnu au profit des *correi* le droit de ne payer que sauf cession des actions du créancier; de plus, dit-il, Julien, parlant tout à la fois des *rei promittendi* et des *rei stipulandi,* ne pouvait pas faire mention de la cession d'actions. (*In Leg.* 9, *de duobus reis.*)

M. de Savigny concilie autrement les Lois 62 et 65 ; les expressions de la Loi 62, *in pendenti esse,* ne font pas allusion, d'après lui, à une négation absolue de recours en dehors du cas de société, mais elles signifient que, tandis que l'on trouve dans la société une base certaine de recours, le recours, s'il n'y a pas société, sera toujours incertain, car il dépendra du débiteur actionné qui pourra, s'il le veut, faire valoir la *doli exceptio* pour se faire céder les actions du créancier, ou fera valoir après le paiement l'*utilis actio* (Sav., § 25), théorie que nous étudierons plus tard, qui était d'ailleurs encore en voie de formation au temps de Julien, et n'apparaît comme droit certain que dans la législation de Justinien. (Sav., § 25.)

M. Demangeat voit aussi dans la Loi 17 *de fidej.* : *Fidejussoribus succurri solet, ut stipulator compellatur ei qui solidum solvere paratus est vendere cæterorum nomina,* et dans la Loi 36 *(eodem)* la preuve que les *correi* pouvaient exiger la cession, car, abstraction faite du bénéfice que leur avait accordé Adrien, ils sont de véritables *correi promittendi.* M. de Savigny repousse, au contraire, cet argument tiré de la Loi 17, et n'admet pas que les fidéjusseurs eussent le droit d'exiger la cession d'actions contre leurs cofidéjusseurs; il croit qu'ils peuvent seulement en profiter, si le créancier consent à la faire; c'est ce qui résulte, suivant lui, de plusieurs textes (*Inst.*, § 4, *de fidej.*, l. III, t. 20; Gaius, lib. III, § 122; Dig., Loi 39, *de fidej.*, l. XLVI, t. 1, et Loi 11, au Code *de fidej.*, l. VIII, t. 41): dans les deux derniers, on parle bien de cession, dit M. de Savigny, mais dans la Loi 39, il ne s'agit que de cession volontaire, et dans la Loi 11, il s'agit bien de cession forcée, mais contre le débiteur principal et non les cofidéjusseurs.

Deux textes pourraient rendre douteux le système enseigné ici par M. de Savigny, les Lois 17 et 36, l. XLVI, t. 1; il les explique pourtant en disant que dans le premier, on fait allusion non à un droit pour le débiteur, mais à une intervention équitable du juge, et dans le deuxième, on doit entendre par cession d'actions celles contre le débiteur principal, et non contre les cofidéjusseurs comme dans la Loi 11, au Code.

Quelque ingénieux que puisse paraître le système de M. de Savigny, on peut hésiter à admettre l'explication qu'il donne des Lois 17 et 36 *de fidej.*; il serait peut-être plus sûr d'admettre que la question de cession d'actions au profit des fidéjusseurs avait été controversée entre les anciens Jurisconsultes (Gérardin, en note sur Savign., § 25.)

Dans tous les cas, et lors même que l'on admettrait l'opinion de M. de Savigny à propos des fidéjusseurs, la cession n'en existerait pas moins au profit des *correi promittendi*, comme au profit des débiteurs simplement solidaires, car il n'existe pas entre les cofidéjusseurs un véritable rapport de corréalité (§ 25, note p.).

Quant aux règles de détail, nous allons voir cependant qu'elles varient un peu suivant qu'il est question de corréalité parfaite ou imparfaite : Quand un débiteur simplement solidaire veut obtenir la cession d'actions, il n'a pas besoin de l'exception *doli mali* (Inst. § 50); elle est au contraire nécessaire au débiteur corréal, si l'action qu'il a est *stricti juris* (Loi 65, l. xxi, t. 2); de plus, le premier peut être cessionnaire même après la *litis contestatio*; pour le deuxième, après la *litis contestatio*, la cession est impossible. Mais alors, dira-t-on, l'exception *doli mali* est insérée dans la formule pour être appréciée par le juge, et d'autre part, une fois que l'on est devant le juge, l'action du créancier contre tous les *correi*, excepté contre celui qu'il poursuit, étant éteinte, comment la cession pourra-t-elle s'effectuer ?

Si le dol du créancier est manifeste, le magistrat venait au secours du défendeur en refusant d'accorder l'action, tant que le créancier n'avait pas fait la cession; si au contraire le dol du créancier n'était pas prouvé, s'il y avait une question délicate à examiner, le magistrat insérait l'exception dans la formule et renvoyait les parties devant le juge qui absolvait le débiteur, ou plutôt ne le condamnait pas *in solidum*, s'il reconnaissait le dol du créancier.

Mais qu'arrivait-il si le créancier refusait la cession d'actions, sans qu'il y eût mauvaise foi de sa part; il eût été bien dur dans ce cas de débouter le créancier de sa demande, et bien rigoureux également de condamner le débiteur *in solidum*, alors que le créancier ne peut plus, lui céder ses actions éteintes par la *litis contestatio*. Nous ignorons l'expédient employé dans cette hypothèse

(Dem. p. 255). Quelques interprètes ont pensé éviter les inconvénients que nous venons de signaler par l'emploi d'une *prescriptio* (G. IV, § 131), qui restreignait ce qui était déduit *in judicium* à ce qui pouvait être actuellement obtenu.

M. de Savigny fait l'application de cette *prescriptio* au cas où chacun des héritiers d'un créancier d'une obligation indivisible doit agir *in solidum*, sans que le défendeur soit condamné à plus qu'une partie du tout correspondante à la portion héréditaire du demandeur. (Loi 25, § 9, *fam. ercisc.*) (Traité des Oblig. p. 104.)

Il semble que l'emploi de la *prescriptio*, dans le cas d'une obligation corréale, pourrait permettre au créancier de bonne foi, auquel on oppose l'exception de dol devant le magistrat, de resteindre ce qu'il déduit *in judicium* à la portion de la dette relativement à laquelle il n'a pas d'action à céder au défendeur ; de telle sorte que, si le juge reconnait que le créancier avait des actions à céder, il ne condamnera pas le débiteur *in solidum*, et le droit du créancier, quant au reste de la dette, n'ayant pas été déduit *in judicium*, n'aura pas été éteint par la *litis contestatio*.

Ce moyen ingénieux de remédier aux effets de la *litis contestatio* n'est pas mentionné dans des textes, c'est ce qui pourrait faire douter qu'il eût été en usage.

Une dernière différence à signaler entre la corréalité imparfaite et la corréalité parfaite, c'est que dans la première, le créancier et le débiteur étant tenus d'obligation corrélatives, si le créancier n'est mis hors d'état de céder ses actions, le débiteur peut refuser de payer la part pour laquelle la cession n'est plus possible, tandis que dans la deuxième, si l'acte est unilatéral, le créancier n'est tenu de céder que ce qu'il a conservé, et le débiteur ne pourra refuser le paiement que s'il y a eu dol de la part du créancier qui s'est dépouillé de ses actions.

§ VI. — *De la Cession feinte.*

Nous venons de voir comment les Prudents, poussés par un sentiment d'équité, vinrent au secours des *correi promittendi*.

Mais il pouvait arriver que le créancier, surpris par la mort, n'eût pas le temps de céder ses actions, ou que le débiteur oubliât de les exiger. Aussi, fut-on conduit peu à peu à rechercher un procédé plus sûr et plus commode, et l'on admit une cession feinte : on permit, à celui qui avait droit à la cession, d'exercer directement les actions du créancier *proprio nomine*, sous la forme d'une action utile ; ce changement reposait sur cette idée que la cession ; d'ailleurs forcée, devait avoir réellement eu lieu (Sav., § 23).

On fait mention, pour la première fois, de la cession feinte, à propos de l'achat d'une hérédité. Pour éviter la cession successive de toutes les actions personnelles du défunt à l'acheteur, on lui permit d'exercer sa créance au moyen d'une *utilis actio* (Loi 16, *de pactis*, l. II, t. 14, et Loi 5, au Code, l. IV, t. 59).

Au sujet de la solidarité, nous trouvons également mentionnée l'action utile dans la Loi 1, § 13, *de tut. et rat.*, l. XXVII, t. 3 : *utilem actionem tutori adversùs contutorem dandam*, dit Antonin le Pieux.

Un rescrit de l'empereur Antonin Caracalla donne une

décision identique (Loi 2, au Code, l. v, t. 58). Enfin Paul donne aussi l'action utile dans l'hypothèse prévue par la Loi 4, *de his qui effud.*, l. ix, t. 3. D'autres textes, qui ne traitent point de la corréalité, mentionnent également l'existence de l'action utile (Lois 7, 8, 9 au Code, l. iv, t. 39, sur la vente d'une créance isolée, et les Lois 18, au Code, l. vi, t. 37 ; 5, au Code, l. iv, t. 15, et 2, au Code, l. iv, t. 10, concernant le legs, la dation en paiement ou la constitution en dot d'une créance.

En présence de ces différents textes, il est impossible de nier l'existence de la cession feinte ou d'une action utile, qui n'est autre que l'action du créancier, laquelle passe au débiteur en vertu d'une cession que l'on sous-entend. (Sav., § 23.) Loi 1, § 14, l. xxvii, t. 3. Il nous reste à rechercher quels sont les débiteurs qui peuvent l'exiger ?

Ce sont, d'abord, les débiteurs purement solidaires. D'après M. Demangeat, les *correi* proprement dits, au contraire, n'eurent pas tout d'abord l'action utile ; cela semble résulter, si l'on voit entre colidéjusseurs un véritable rapport de corréalité, de la Loi 39 *de fidej.* et aussi de la Loi 62, Pr. l. xxxv, t. 2. Cette différence viendrait, selon lui, de ce que dans la corréalité imparfaite les débiteurs, étant tenus d'une action de bonne foi, on a dû facilement sous entendre à leur profit les conventions habituelles et équitables ; dans la corréalité parfaite, au contraire, on ne devait pas avoir égard à ce que réclamait l'équité. (Dem., pag. 257.)

M. de Savigny n'admet aucune différence entre les débiteurs simplement solidaires et les *correi ;* d'après lui, la Loi 39 ne s'applique pas aux *correi*, car il n'admet pas d'assimilation entre eux et les colidéjusseurs ;

quant à la Loi 62, il ne croit pas qu'elle nie absolument le recours.

Si les jurisconsultes ne sont pas d'accord pour reconnaître, dans le principe, aux *correi promittendi* le droit à une action utile, il n'en est pas de même dans le dernier état du droit. Le doute n'est, en effet, plus possible depuis cette Constitution des empereurs Dioclétien et Maximien : *Creditor prohiberi non potest exigere debitum, cùm sint duo rei promittendi ejusdem pecuniæ a quo velit. Et ideò si probaveris te conventum in solidum ex solvisse, Rector Provinciæ juvare te adversùs eum cum quo communiter mutuam pecuniam accepisti, non cunctabitur.* (Loi 2, au Code de *d. reis*, l. viii, t. 40.)

Quelques commentateurs (Vinnius et Pothier), s'attachant aux expressions *communiter accepisti*, qui semblent indiquer qu'il y a société ou indivision entre les emprunteurs, ont cru que le recours auquel font allusion les empereurs, n'est autre que l'action *pro socio* ou *communi dividundo ;* d'autres auteurs ont pensé que ce recours n'est autre que l'action utile de gestion d'affaires. Nous pensons, au contraire, que les expressions *communiter accepisti* signifient que deux personnes ont joué à la fois le rôle d'emprunteurs, et, comme M. Demangeat, nous admettrons que le recours dont parle la Loi 2, n'est autre que l'action utile du créancier.

Quant à M. de Savigny, qui croit que l'action utile existait bien antérieurement à la Loi 2, en faveur des *correi*, il trouve précisément dans notre Loi, qui est si diversement interprétée, un argument à l'appui de sa thèse : Ce n'est pas, d'après lui, un texte aussi ambigu qui aurait pu créer un droit nouveau ; le texte est donc, dit-il, un rescrit sur le droit existant, ainsi que cela

ressort non-seulement de tous ses termes, mais surtout
de la fin, qui renferme, non pas une instruction sur ce
qui doit se faire, mais une promesse sur l'activité qu'on
est en droit d'attendre du juge. (§ 24, n° 2, C.)

CHAPITRE SIXIÈME

Du Bénéfice de division.

Ce bénéfice fut introduit par un rescrit d'Adrien au profit des fidéjusseurs. (Gaius, C. 3, § 121, et Inst., l. iii, t. 20, § 4.) Il permet au débiteur poursuivi d'obliger le créancier à diviser son action entre tous les fidéjusseurs solvables au moment de la *litiscontestatio* (Loi 26, l. xlvi, t. 1); et si le créancier niait la solvabilité d'un ou de plusieurs fidéjusseurs, le préteur insérait, en accordant la formule, l'exception : *Nisi et illi solvendo sint*. (Loi 28, *de fidej.*)

Plus tard, le bénéfice de division fut successivement accordé à des débiteurs tenus *insolidum*, autres que les fidéjusseurs, et tout d'abord aux *mandatores pecuniæ credendæ* (Loi 7, *de fidej. et nomin.*, l. xxvii, t. 7). Dans l'espèce prévue par cette Loi, il s'agit de deux personnes qui ont cautionné un tuteur, et qui, pour échapper temporairement à des poursuites, donnent mandat au pupille de le poursuivre avant eux; le pupille n'ayant pas été complètement indemnisé, recourra contre ses fidéjusseurs, qui pourront opposer le bénéfice de division, bien qu'il ne s'applique pas aux fidéjusseurs d'un tuteur (Loi 12, l. xlvi, t. 6), car l'ex-pupille ayant accepté le mandat qu'ils lui ont donné de poursuivre d'abord le débiteur principal, et ayant stipulé d'eux *quod ab eo servari non potuisset*, il y a eu, comme dit Cujas, une sorte de novation *post pubertatem facta*. (Dem., page 187.)

Ce furent les Prudents qui, poussés par un sentiment d'équité, accordèrent le bénéfice de division aux *mandatores pecuniæ credendæ*, en les assimilant aux fidéjusseurs, car le rescrit d'Adrien ne le leur conférait pas expressément. (Cujas, C. de la Loi 7, *de fidej.*, *in lib. 3, resp. Papin.*) Plus tard, Justinien l'accorda également à ceux qui faisaient un pacte de *Constitut* pour la dette d'un tiers. (Loi 3, au Code, l. iv, t. 18.)

Même en dehors des cas que nous venons de signaler, dans lesquels les débiteurs accèdent à la dette d'un tiers et se rapprochent par conséquent des fidéjusseurs, on trouve des débiteurs solidaires qui jouissent du bénéfice de division : ce sont les cotuteurs qui ont eu l'administration en commun (Loi 18, § 11 et 12, l. xxvii, t. 3), ou qui se sont rendus coupables de la même négligence. (Loi 38, Pr. et § 1, l. xxvi, t. 7.)

Les mêmes principes sont applicables aux magistrats municipaux. (Loi 45, l. xxvi, t. 7, et Loi 7, l. xxvii, t. 8.)

Nous venons de voir le bénéfice de division accordé à certaines classes de débiteurs solidaires, devons-nous généraliser les décisions contenues dans les textes précités, et reconnaître, comme certains jurisconsultes, que tous les débiteurs solidaires pourront jouir du bénéfice de division ? Marcellus semble d'abord être de cet avis dans la première partie de la Loi 47, l. xix, t. 2, mais il dit en terminant : *Justiùs sit electionem conveniendi quem velit non auferendum actori.* Il est donc très-douteux que tous les débiteurs solidaires puissent invoquer le bénéfice de division.

Si nous passons aux *correi promittendi,* il est certain que jusqu'à Justinien, ils n'ont point eu le bénéfice de division, mais cet empereur ne le leur a-t-il pas accordé par la *Novelle* 99 ? (*Collatio* 7, titre 11.)

Il n'est peut-être pas de question qui ait été l'objet d'aussi vives controverses, car les jurisconsultes, soit anciens, soit modernes, ne sont point d'accord pour déterminer l'objet de cette *Novelle* : certains auteurs prétendent qu'elle a eu pour but d'établir en faveur des *correi promittendi* le bénéfice de division qu'Adrien avait accordé aux cofidéjusseurs. *Cæterum,* dit Vinnius, *circà reos promittendi : Novella Justiniani Constitutione de reis promittendi 99 vetus jam hactenus mutatum videtur, ut jam unus a duobus debendi reis in solidum a creditore conventus petere possit, ut divisâ actione pro parte tantùm conveniatur.* (Inst., l. iii, t. 17.) (Dans le même sens Domat, *Legum delectus,* et Cujas, *Exp. Nov.* 99, page 1762.)

Dans une deuxième opinion, qui a quelque rapport avec celle-ci, la *Novelle* 99 s'applique à des débiteurs qui ont également profité de l'opération par suite de laquelle l'obligation a été contractée, qui, par exemple, ont touché en commun une somme prêtée, ou ont acheté ensemble un fonds dont les produits doivent être répartis entre tous. Lorsque les débiteurs, qui sont dans cette position, s'obligent *correaliter* envers le créancier, ils se cautionnent virtuellement les uns les autres. Justinien aurait donc voulu empêcher que, dans le cas où tous les débiteurs ont profité également de l'opération, un seul puisse être obligé de désintéresser complètement le créancier. (De Vang. *Pand.*, t. 3, p. 87.)

Bien que de grands jurisconsultes soutiennent le premier système que nous avons exposé, nous ne pensons pas que Justinien ait voulu, par des expressions aussi ambiguës que celles dont il s'est servi dans la *Novelle* 99, opérer un changement aussi essentiel dans l'institution si ancienne et si importante de la corréalité; quant à l'opinion de M. de Vangerow, elle n'est pas fondée, car il semble résulter de ce mot Ὑπευθύνοι, de l'esprit général de la *Novelle*, que Justinien a eu en vue une fidéjussion formelle.

Aussi, adopterons-nous un troisième système enseigné d'abord par Doneau, et plus tard par Demangeat et de Savigny; nous admettrons que la *Novelle* 99 ne s'applique pas aux *correi promittendi* en général, mais seulement à ceux, parmi les *correi promittendi*, qui sont cofidéjusseurs mutuels. (Loi 11, Dig., *de duobus reis.*) C'est ce qui ressort, pensons-nous, du titre de la *Novelle* Περὶ ἀλληλεγγύων, qui doit se traduire par ces mots : « cautions réciproques. » C'est ce qui ressort aussi de la préface de notre *Novelle*, qui renvoie à une autre Loi qui, de l'avis de la plupart des auteurs, n'est autre que la *Novelle* 4, qui concède le bénéfice de discussion aux fidéjusseurs. Si, d'autre part, on étudie attentivement la *Novelle* 99, on reste convaincu que Justinien y prévoyait le cas où les débiteurs sont tout à la fois fidéjusseurs et obligés solidaires : *Sin autem*, dit-il, *singulos in solidum teneri additum sit, pactum quidem servetur ; non tamen statim ab initio solidum a singulos exigatur, sed interim pro parte quâ quisque tenetur, ille verò etiam reliquos conveniat, si quidem et solvendo et præsentes sint.* Avant Justinien, le créancier, méconnaissant chez les débiteurs la qualité de cofidéjusseurs, pouvait n'invoquer que celle de *correi;* cet empereur a voulu combiner le principe de la corréalité et celui de la fidéjussion, de telle sorte que le créancier fût traité aussi bien que s'il avait affaire à des *correi,* et que les débiteurs puissent, de leur côté, profiter des avantages accordés aux fidéjusseurs. A partir de la *Novelle* 99, le créancier continuera donc à exercer son droit et il obtiendra satisfaction entière, mais le débiteur poursuivi acquerra l'avantage de faire participer au paiement ses codébiteurs; les *fidéjussores correi* auront donc un avantage analogue à celui que procurait déjà la *Novelle* 4, aux fidéjusseurs proprement dits. La *Novelle* 99 est, en définitive, une extension utile de la *Novelle* 4.

L'interprétation que nous venons de donner de la *Novelle* 99, nous semble la plus rationnelle et en même temps la plus conforme aux textes. Quelques objections y ont pourtant été faites : la première est de M. de Vangerow, qui trouve étrange, que là où les débiteurs se sont obligés doublement comme *correi* et comme cautions, le créancier ait moins de droit que si les débiteurs étaient simplement *correi?* A cela, M. de Savigny répond : « Le droit du créancier n'est nullement affaibli, il retire tout l'avantage de la corréalité, puisqu'il peut encore poursuivre *in solidum,* l'un des débiteurs à son choix. » (§ 26.) Il n'est point déraisonnable, ajoute M. Demangeat, que les effets rigoureux de la corréalité soient tempérés par l'établissement d'une fidéjussion.

Une deuxième objection a été faite par Cujas, qui, tout en admettant qu'il s'agit dans la *Novelle* 99, de *correi* cofidéjusseurs, soutient qu'il n'est pas à dire pour cela que la *Novelle* prévoit l'espèce de la Loi 11, *de duobus reis ;* il soutient, en effet, que souvent les débiteurs *correi* sont censés être *cofidéjussores* vis-à-vis du créancier (Loi 17, § 2, Dig. *ad S. C. vell.*, l. xvi, t. 1). Nous répondrons qu'il est contraire aux vrais principes du Droit Romain de considérer les *correi* comme cautions les uns des autres ; car à quoi servirait alors la mutuelle fidéjussion, il faudrait biffer du titre *de duobus rei* la Loi 11, comme complètement inutile. Si l'on voit un cautionnement dans le cas prévu par la Loi 17, c'est qu'il s'agit de l'intercession de la femme qu'il faut annuler, malgré son déguisement d'obligation solidaire. La Loi 12, § 1, *de duobus reis*, rapprochée de la Loi 3, § 5, *de pecul.*, l. xv, t. 1, prouve, du reste, qu'il n'y a pas de fidéjussion dans la dette solidaire ; car, s'il y avait fidéjussion dans le cas prévu par la Loi 12, l'esclave ne devrait pas obliger son maître.

APPENDICE

Nous avons vu que les principes rigoureux de la corréalité peuvent être adoucis par suite d'un mandat ou d'un acte de société réciproque. Voyons maintenant quel effet produira la mutuelle fidéjussion, lorsqu'elle sera jointe à la corréalité, dans le cas prévu par la Loi 11.

Dans les rapports du créancier et des débiteurs, deux effets importants seront produits :

1° Le débiteur poursuivi *in solidum* aura, depuis Justinien, le droit d'invoquer le bénéfice de division (*Novelle* 99).

2° Jusqu'à la Constitution de Justinien de l'an 531 (Loi 28, au Code *de fidej.*, l. VIII, t. 41), par suite de l'effet extinctif de la *litiscontestatio*, le créancier, qui n'avait poursuivi l'un des *correi* que pour sa part dans la dette, perdait le droit de revenir contre lui dans le cas où les autres se trouvaient insolvables ; par la mutuelle fidéjussion, le créancier pouvait ne demander à chacun des débiteurs que sa part de la dette, sans crainte de subir aucune perte, puisqu'il avait le droit de recourir contre eux en qualité de fidéjusseurs.

La fidéjussion, jointe à la corréalité, produisait aussi des effets importants dans les rapports des *correi* entre eux :

1° Elle les met dans la même situation juridique que s'il y avait entre eux société ou mandat; celui qui aura payé pourra donc recourir contre les autres pour la part qu'ils doivent supporter : *si quidem correus, tanquam fidejussor vel solidum, vel partem pro correo solverit, in correum habet actionem mandati, quod semper solet præcedere fidejussionem. Nec enim quisquam fidejubet sine mandato ejus pro quo fidejubet* (Cujas, C. *in lib.* ii, *Resp. Pap.* Loi 11, *de duob. reis*).

2° Grâce à la fidéjussion, le débiteur attaqué pourra aussi opposer au créancier la compensation du chef de son codébiteur, car il est de principe que le fidéjusseur peut opposer la compensation du chef du débiteur principal (Lois 4 et 5, l. xvi, t. 2).

Ces deux conséquences découleront aussi bien d'un contrat de société joint à la corréalité, que d'un cautionnement réciproque, mais la fidéjussion procurera encore deux avantages qui ne sont point attachés à l'existence d'un contrat de société entre *correi :* 1° La mise en demeure de l'un des *correi* aura effet contre les autres (Dem., sur la Loi 11, Pr.); et 2° le débiteur attaqué pourra, dans le droit de Justinien, invoquer le bénéfice de division (*Nov.* 99).

Terminons ce qui concerne la fidéjussion, en disant que, pour qu'elle produise sur la corréalité l'effet que nous venons d'indiquer, il faut que la clause de cautionnement réciproque ait été connue du créancier.

Après avoir étudié l'importante matière de la corréalité, ne pouvons-nous pas dire qu'elle reflète l'esprit formaliste et rigoureux du Droit Romain. Les Prudents, poussés par un sentiment d'équité, en modifièrent bien peu à peu les règles, mais pas assez pour lui ôter son véritable caractère.

Nous allons voir que la solidarité, dans notre Droit Français, n'est plus que l'image bien imparfaite de la corréalité romaine.

DROIT FRANÇAIS

INTRODUCTION

Si les règles de la solidarité dans notre Droit sont si différentes de celles de la corréalité à Rome, cela tient surtout à ce que les rédacteurs du Code civil cherchèrent les principes de la solidarité dans nos anciens auteurs et dans Pothier notamment, où ils avaient été déjà profondément modifiés ou altérés.

C'est ainsi que dans le Droit coutumier, la solidarité devait toujours être exprimée, et Domat donne cette décision en l'appuyant sur des textes Romains, ce qui est évidemment une erreur (Domat, Lois civiles, 3ᵉ section et Deniz. *Répert. de Jurispr.* au mot *solidité*, § 2); enfin, en se fondant sur la Loi 2 au Code *de duobus reis*, où il peut être question de *correi socii*, les commentateurs firent surgir ce nouveau principe, que le débiteur qui a payé toute la dette peut recourir contre ses codébiteurs, en sous-entendant toujours un contrat de société (Domat, L. civiles, l. iii, t. 3, sect. 2, § 1).

Nous ne devons pas regretter ces interprétations fausses des textes Romains, car elles ont contribué à l'introduction dans notre droit d'une législation plus équitable.

NOTIONS GÉNÉRALES

Les mots *in solidum*, expriment en Droit Romain, ainsi que nous l'avons vu, un fait qui peut se présenter dans maintes circonstances et qui ne correspond point à une classe déterminée d'obligations. Les mots « pour le tout, » en Droit Français, ont une signification analogue.

Le mot solidarité, bien que dérivant du mot *solidum*, ce qui a fait dire à des auteurs anciens, solidité au lieu de solidarité (Pothier, n° 258, 261 et Denisart), désigne, au contraire, dans notre Droit, une classe d'obligations ayant des règles précises. Ce serait donc une erreur d'appeler solidaire l'obligation par laquelle plusieurs débiteurs sont tenus pour le tout, sans qu'il existe entre eux de relation juridique; aussi, pour éviter toute confusion, nous conserverons à l'obligation, qui est dans notre Droit l'exacte reproduction de l'obligation *in solidum* à Rome, sa dénomination ancienne.

Des auteurs ont voulu assimiler la solidarité française à l'obligation corréale, et faire revivre cette dernière expression (Exposé des motifs par Big Préam. Fenet.

t. 13, p. 248). Ce serait une assimilation inexacte, car la vraie corréalité n'existe plus aujourd'hui.

L'obligation solidaire, telle qu'elle existe dans notre Droit, peut se définir ainsi : « C'est une obligation au profit de plusieurs créanciers, ou à la charge de plusieurs débiteurs, et en vertu de laquelle chaque créancier peut exiger la totalité de la chose due et chaque débiteur est tenu de la totalité, mais de telle sorte que le paiement fait à l'un des créanciers, ou par l'un des débiteurs, éteigne toute l'obligation.» (C. de Sant., Livre III, t. 5. sect. 4, § 127 *bis*.)

La solidarité présente donc ce double aspect qui la caractérise essentiellement : la multiplicité au point de vue des personnes, l'unité par rapport à l'objet dû.

Dans l'obligation alternative, nous trouvons une solidarité réelle et objective ; ici la solidarité est personnelle et subjective. (Demol. l. III, t. 5, ch. 4, § 8.)

L'obligation solidaire, qui n'est qu'une espèce d'obligation conjointe, se distingue de l'obligation conjointe proprement dite en ce que, dans cette dernière, la division se fait en principe en autant de parties égales qu'il y a de créanciers ou de débiteurs.

Il ne faudrait pas non plus confondre la solidarité avec l'indivisibilité, car si dans l'obligation indivisible l'objet peut être demandé tout entier à un seul des débiteurs, c'est uniquement parce que cet objet n'est pas susceptible de prestations partielles, tandis que dans la solidarité, si l'objet peut être demandé tout entier à chaque débiteur, cela tient à la convention des parties ou à la Loi (1219). L'indivisibilité est une qualité réelle, la solidarité une qualité personnelle de l'obligation.

De la nature différente de la solidarité et de l'indivisi-

bilité, nous devons tirer deux conséquences importantes :
1° l'obligation solidaire se divisera entre tous les héritiers
de celui qui l'aura contractée, tandis que les héritiers du
débiteur d'une chose indivisible en resteront tenus
pour le tout comme leur auteur; 2° si l'obligation indivisible se convertit en une obligation en dommages intérêts, chaque débiteur ne sera plus tenu que pour partie,
tandis que, dans la même hypothèse, chaque débiteur
solidaire demeurera tenu pour le tout.

La solidarité peut exister soit entre les créanciers,
soit entre les débiteurs, mais il n'y a pas pour cela deux
espèces de solidarité : c'est toujours au fond la même
théorie appliquée activement dans le premier cas, passivement dans le second.

La solidarité entre créanciers est beaucoup moins fréquentée que celle entre débiteurs; celle-ci présente en
effet une excellente garantie, tandis que celle-là présente
certains avantages qui ne compensent pas les immenses
inconvénients qu'elle peut entraîner; elle donne sans
doute à tout créancier qui ne peut agir lui-même pour
la conservation et le recouvrement de sa créance, la
faculté d'avoir un mandataire légal, mais tout créancier
qui ne pourra agir lui-même préférera ordinairement
constituer un mandataire révocable, plutôt que de s'adjoindre un cocréancier qui aurait le droit de recevoir le
paiement, et pourrait lui faire courir ainsi le risque de
son insolvabilité. Aussi, la solidarité active ne sera
guère établie que sur la demande du débiteur qui, exposé
à des poursuites multiples, désirerait être dans la situation où il serait s'il avait un créancier unique. Nous
avons vu qu'en Droit Romain, la corréalité présentait un
plus grand intérêt, puisqu'elle permettait d'éluder la
règle « que l'on ne peut agir par procureur. »

CHAPITRE PREMIER

De la Solidarité entre créanciers.

SECTION PREMIÈRE.

SON CARACTÈRE ET SES SOURCES.

L'article 1197 définit ainsi la solidarité entre créanciers : « L'obligation est solidaire, lorsque le titre donne expressément à chacun des créanciers le droit de demander le paiement du total de la créance, et que le paiement fait à l'un d'eux libère le débiteur, encore que le bénéfice de l'obligation soit partageable et divisible entre les divers créanciers. »

Quatre conditions doivent donc concourir pour la solidarité active ; il faut : 1° que plusieurs personnes stipulent ; 2° qu'elles stipulent la même chose ; 3° qu'elles la stipulent de la même personne ; 4° qu'elles la stipulent chacune pour le tout.

Une pareille obligation se conçoit, lorsque plusieurs personnes, prêtant à un même débiteur différentes sommes, se donnent mutuellement le pouvoir d'agir les unes pour les autres, pour conserver ou recouvrer leur créance.

Il résulte de l'art. 1197, qu'il n'y a point de solidarité active sans titre, à la différence de la solidarité passive qui, comme nous le verrons plus tard, peut aussi être légale (1202). Mais ce serait une erreur de s'appuyer sur l'expression *titre* qu'a employée le législateur dans l'art. 1197, pour dire que la solidarité active ne peut être que conventionnelle. Sans doute, elle ne pourra provenir que de la volonté des parties, mais elle pourra être soit conventionnelle, soit testamentaire, car le mot *titre* est générique. « Le testateur, dit en effet Demolombe, qui peut mettre à la charge de son héritier autant de legs distincts qu'il lui plaît d'instituer de légataires, peut *a fortiori* ne laisser à tous ses légataires ensemble qu'un seul et même legs solidairement. » (Liv. III, t. 3, ch. IV, § 133.)

Pothier cite, comme exemple de solidarité testamentaire, une disposition faite en ces termes : « Mon héritier donnera aux Carmes ou aux Jacobins une somme de 100 livres. » (*Traité des Oblig.*, n° 259.)

Il est certain que dans l'espèce, le testateur peut avoir voulu établir une solidarité entre les deux couvents ; mais, contrairement à l'opinion de Pothier, il faut admettre que, dans l'exemple précité, ou tout autre analogue, il y a un legs conditionnel, sous la condition d'un choix à faire par l'héritier, et non pas un legs solidaire. (Demo. § 104, Marc, art. 1197, Rod, n° 8, C. de S., n° 128 *bis*.) En effet, la solidarité, qui est une exception à la règle de la division des créances, ne peut résulter que d'une clause expresse (1197) ; le législateur a voulu qu'un mandat réciproque, dont les conséquences sont si graves, ne soit jamais équivoque; mais ce serait une erreur de croire qu'il faut, pour constituer la solidarité, des formules sacramentelles; la loi exige seulement que la volonté de la créer résulte clairement de l'acte. (Dur., t. 4, n° 168, Demol. § 135, Rod., n° 4.) La solidarité ne se présumant pas, devra être renfermée strictement dans les termes dans lesquels les parties l'auront établie; c'est ainsi que dans un vente où figurent plusieurs vendeurs, s'il a été dit qu'ils pourront demander solidairement le prix convenu, ces vendeurs ne seront créanciers solidaires que pour exiger le prix, et non point pour les autres obligations résultant du contrat de vente.

Contrairement à ce qu'enseigne M. Duranton, t. 11, n° 169, nous pensons également que, si les parties ont exprimé l'intention de créer la solidarité active seulement, c'est cette solidarité seule qui est établie. (Rod., n° 5, Demol., n° 138, Laromb., t. 2, art. 1197, n° 18.)

Il ne faudrait pas confondre avec un créancier solidaire, l'*adjectus solutionis gratiâ* (1277); ce dernier, en effet, n'est pas créancier, et n'a qualité que pour recevoir le paiement; son mandat est exclusivement personnel et s'éteindra s'il meurt, est interdit, tombe en faillite, etc., tandis que la mort ou le changement d'état de l'un des créanciers solidaires ne fera pas cesser la solidarité (Pothier, n° 523).

SECTION DEUXIÈME.

DES EFFETS DE LA SOLIDARITÉ DANS LES RAPPORTS DES COCRÉANCIERS ENTRE EUX.

Nous avons vu qu'en Droit Romain, le bénéfice de la créance n'était point, en principe, partageable entre les divers créanciers; il ne le devenait que dans le cas où il existait entre les *correi* des relations indépendantes de la solidarité, résultant du fait d'indivision, d'un contrat de société, etc. Le même principe fut suivi sous notre ancien droit, et est mentionné par Pothier (n° 260). Mais une doctrine toute différente a été admise dans notre droit, où le législateur a décidé que le bénéfice de l'obligation se partagerait entre tous les créanciers, qui ne seraient considérés que comme les mandataires les uns des autres, à l'effet de conserver et d'opérer le recouvrement de leur créance commune (1197).

On pourrait pourtant douter, en voyant l'article 1197, que tel fut bien le système du Code; car ces expressions «encore que le bénéfice de l'obligation soit partageable et divisible entre les divers créanciers, » semblent plutôt faire allusion à l'hypothèse possible, où un contrat de société aurait été stipulé entre les parties, et décider que la solidarité et la division du bénéfice de la créance n'ont rien d'incompatible, qu'admettre formellement cette division (Demol., § 146). Mais, à défaut de l'art. 1197, le principe de division de la créance résulte par analogie des art. 1213 et 1214; les articles 1198 2° et 1365, en permettant à chaque créancier de disposer de la créance pour la part qui lui revient, supposent bien aussi que le partage de la créance est la règle ordinaire (C. de Sant., n° 128 *bis*, Rod., n° 32, Laromb., t. 2, art. 1197, n° 20, Aubry et Ran., n° 298 *bis*).

Si notre Code admet qu'il y a société entre tous les cocréanciers solidaires, cette règle n'est pourtant pas absolue; elle devra être abandonnée, s'il est manifeste qu'il a été dans l'intention des parties que la division s'opérât d'une façon inégale, ou même qu'il n'y eût aucune division.

Une différence importante entre l'obligation conjointe et l'obligation solidaire, dans les rapports des cocréanciers entre eux, est signalée par Larombière (art. 1197, n° 21). Comme dans la 1re, il y a eu dès le principe division de la créance entre tous les créanciers, il n'y a pas lieu à accroissement dans le cas où l'obligation est annulée vis-à-vis de l'un d'eux; dans l'obligation solidaire, au contraire, chaque créancier possédant la totalité de la créance, sauf partage du bénéfice entre tous, les parts de ceux vis-à-vis desquels l'obligation se trouve annulée accroissent aux autres, si toutefois l'annulation partielle n'entraine pas diminution correspondante du chiffre de la créance.

SECTION TROISIÈME.

EFFETS DE LA SOLIDARITÉ DANS LES RAPPORTS DES CRÉANCIERS AVEC LE DÉBITEUR COMMUN.

Le premier et le plus important effet de la solidarité dans les rapports des créanciers avec le débiteur commun, c'est que chaque créancier aura le droit de demander au débiteur le total de la créance (1197) et de l'éteindre ainsi complètement. « Les effets de la solidité entre créanciers, dit Pothier, sont que chacun des créanciers, étant créancier du total, peut par conséquent demander le total... le paiement fait à l'un des créanciers éteint toute la dette, car ce créancier l'étant pour le total, le paiement du total lui est valablement fait, et ce paiement libère le débiteur envers tous ; car, quoiqu'il y ait plusieurs créanciers, il n'y a néanmoins qu'une dette que le paiement total qui est fait à l'un des créanciers doit éteindre (§ 260). »

Ce droit qui appartient au créancier solidaire de poursuivre le paiement intégral de la créance appartient aussi à son héritier, puisqu'il s'agit d'un mandat irrévocable ; mais, si le créancier décédé laisse plusieurs héritiers, chacun d'eux ne pourra demander que sa part héréditaire dans la créance solidaire, car l'obligation solidaire n'est point indivisible.

Chaque créancier, qui peut recevoir le paiement pour le tout, pourra aussi le recevoir pour partie, car « de ce que l'art. 1197 lui donne le droit de demander le paiement du total de la créance, on ne saurait conclure, dit M. Demolombe, qu'il n'ait pas également le droit de demander, s'il y a lieu, le paiement pour partie. » (§ 155. Rod. § 10.) Mais le créancier, qui reçoit un à compte, doit, dans le cas où le débiteur deviendrait insolvable pour le surplus, en faire profiter ses cocréanciers, lors même qu'il aurait donné quittance pour sa part; la solidarité établit en effet entre eux une sorte de société qui rend applicable l'art. 1849. (Demol. § 156, Laromb. t. 2, art 1197, § 20, Rod. § 33.)

Si l'un quelconque des créanciers a le droit d'exiger la créance entière, le débiteur commun a le droit corrélatif de payer la dette entière entre les mains de l'un des créanciers, et de se libérer ainsi envers tous (1198). Mais il perd cette faculté de choisir, quand il a été prévenu par les poursuites de l'un des créanciers. (Exp. des motifs, Big. Préam.) Il faut entendre ici par poursuites tout acte, même extra-judiciaire (Demol. § 164 *Contrà* Rod. § 13), par lequel un des créanciers a manifesté la volonté d'être payé; le mot poursuite est, d'après M. Larombière, un terme général qui embrasse tous les actes par lesquels s'exprime et se manifeste l'exercice d'un droit (sur l'art. 1198, § 2).

Celui des créanciers qui aura été le plus actif pour les exercer, n'aura certainement pas, comme à Rome, le droit de s'approprier la créance à l'exclusion des autres, mais du moins il aura l'avantage, en recevant directement du débiteur, de ne point redouter l'insolvabilité d'un cocréancier contre lequel il faudrait recourir.

Cette prohibition faite au débiteur de payer à l'un ou l'autre des créanciers à son choix, dès qu'il a été prévenu par les poursuites de l'un d'eux, existait déjà à Rome (Loi

16 de *d. reis*); c'était certainement dans l'ancien.Droit un effet de la *litis contestatio*, mais si elle lui a survécu, c'est qu'il est éminemment équitable que le créancier, qui le premier a pris pour ainsi dire possession de la créance, recueille le profit de sa diligence.

Quelques auteurs ont pensé que si le débiteur, prévenu par les poursuites de l'un des créanciers, n'a plus le droit de payer la créance entière à un autre, il peut, du moins, du moment que tous les créanciers sont associés, refuser de lui payer ce qui excède sa part (Rod. § 15 , Laromb., t. 2 , art. 1198, § 6). Nous croyons cette doctrine erronée (Loi 16 , *de duob. reis*). L'avis de Pothier, que semblent confirmer les termes absolus de l'art. 1198, était, en effet, que le débiteur, prévenu par les poursuites d'un créancier, « ne pouvait plus payer qu'à lui. » Comment admettre, du reste, qu'on pût, après des poursuites, diviser un paiement que l'on ne pouvait diviser avant ?

Chacun des créanciers, dit M. Demolombe, doit être considéré, dans ses rapports avec le débiteur, comme s'il était seul créancier, en tant qu'il s'agit de recevoir le paiement total de la créance (§ 166). Il en conclut que, lors même que le débiteur ferait un paiement seulement pour sa part, à l'un des créanciers autre que celui qui a exercé les poursuites, il ne serait pas libéré vis-à-vis de ce dernier. (*Contrà* Laromb.)

Nous avons vu , qu'en Droit Romain, chacun des *correi stipulandi* était regardé comme unique créancier, soit dans ses rapports avec le débiteur commun, soit dans ses rapports avec ses *correi;* il en résultait qu'il avait le droit de disposer complètement de la créance, même par une remise. Le même principe fut suivi dans

notre ancien droit, ainsi que cela résulte du passage
suivant de Pothier: « Les effets de la solidité entre créanciers sont, que chacun des créanciers, étant créancier
du total, peut, par conséquent, demander le total.....
4° Chacun des créanciers, l'étant pour le total, peut,
avant qu'il ait été prévenu par les poursuites de quelqu'un de ses créanciers, faire remise de la dette au débiteur, et le libérer envers tous... (Pothier, § 260). » Un
principe tout différent ayant été adopté dans le Code
civil (1197), chaque créancier, n'y étant considéré
comme créancier que pour sa part, et pour la part de ses
cocréanciers comme mandataire, à l'effet de la conserver
et d'en opérer le recouvrement, il en résultera que
chaque créancier n'aura pas le droit de disposer de la
créance commune pour tout ce qui excède sa part. Aussi
l'art. 1198 décide-t-il que « la remise, qui n'est faite
que par l'un des créanciers solidaires, ne libère le débiteur que pour la part de ce créancier. » Par suite du même
principe, l'art. 1365 décide « que le serment déféré par
l'un des créanciers solidaires au débiteur, ne libère celui-
ci que pour la part de ce créancier. »

En Droit Romain, où la Loi 27, *de jurej.*, assimilait
le serment au paiement, on admettait qu'il devait entraîner l'extinction complète de la créance; Pothier avait
reproduit la décision romaine (Bugn. sur Poth. § 917).
L'idée de notre Code est plus vraie, la délation de serment est, en effet, comme l'a dit Toullier, bien plutôt
une remise conditionnelle qu'un paiement (Dalloz,
Oblig., § 5271), elle est aussi plus équitable, car l'on
ne saurait admettre qu'un créancier, en donnant à son
cocréancier mandat de recevoir, lui ait aussi donné mandat d'exposer la créance, en se fiant imprudemment à la

bonne foi du débiteur. L'art. 1365, après avoir supposé le serment déféré au débiteur commun et prêté par lui, a négligé de statuer sur le cas où le débiteur refuse le serment. Mais les principes généraux nous portent à décider, contrairement à ce qu'enseigne M. C. de Sant. § 341 *bis*, 5, que le refus de prêter serment profitera à tous les créanciers, car « si chaque créancier n'a pas mandat pour compromettre, par son fait, les droits personnels de ses consorts, il est censé avoir du moins mandat pour faire leur condition meilleure.» (Laromb., t. 5, art. 1365, § 8, Aubry et Ran., t. 6, p. 355, Dalloz.) Le serment, enfin, déféré par le débiteur à l'un des créanciers, s'il est prêté, devra profiter aux autres; s'il est refusé, il ne pourra pas leur nuire.

Si nous voulons rechercher l'effet que doivent produire sur la créance solidaire les autres modes d'extinction des obligations, nous trouvons le Code muet, aussi devrons-nous raisonner par analogie pour connaître l'étendue exacte des pouvoirs des créanciers solidaires; pourront-ils, par exemple, nover la créance, transiger, compromettre, plaider, etc. ? La créance solidaire pourra-t-elle s'éteindre par compensation, confusion, etc. ?

A Rome, l'on croyait généralement que la novation faite par l'un des *correi* devait éteindre la créance à l'égard de tous; nous devons, au contraire, admettre, en Droit Français, que la novation n'éteindra la créance que pour la part du créancier qui l'aura faite, car le mandat donné pour recevoir une dette n'emporte pas le droit de la modifier, en substituant un nouveau débiteur ou un nouvel objet au débiteur ou à l'objet primitif; d'autant plus qu'une novation imprudente peut gravement compromettre la créance, puisqu'elle a pour effet de faire évanouir toutes les sûretés précédemment stipulées (Demol., § 183, Marc. art. 1198, C. de Sant., n° 130 *bis* III). Cependant, en fait, la novation vaudra vis-à-vis de tous les créanciers, dans le cas où elle aura lieu, sans causer de préjudice, dans le sens d'un paiement effectif de la créance qui aurait été opéré sous cette forme (Laromb., art. 1198, § 13, et Rod., § 21); de quoi pourraient, en effet, se plaindre les créanciers qui, dès qu'ils réclameront le paiement contre le débiteur, seront désintéressés par leur cocréancier, qui aurait pris la dette à sa charge (Demol., § 186).

Les règles que nous venons d'exposer à propos de la novation s'appliqueront aussi à la transaction et au compromis faits par l'un des créanciers avec le débiteur commun (Doneau sur la Loi 1 au Code de trans., n°s 2 et 3); un mandataire ne peut évidemment pas avoir le droit de transiger ou de compromettre. La novation, la transaction et le compromis consentis par l'un des créanciers solidaires ne pourront donc pas être opposés aux autres créanciers; mais ceux-ci pourraient-ils les invoquer contre le débiteur, s'ils les trouvaient avantageux pour eux? Quelques auteurs prétendent que non : de deux choses l'une, en effet, disent-ils, ou les créanciers solidaires ont un mandat complet pour nover, transiger, etc., et dans ce cas, s'ils peuvent se prévaloir de ces opérations, quand elles leur sont avantageuses, ils doivent en souffrir lorsqu'elles sont nuisibles; ou ils n'en ont aucun, et alors ils ne pourront pas plus invoquer une transaction ou un compromis, qu'on ne pourra les leur opposer, sinon la position des parties serait inégale. (C. de Sant., § 130 *bis*, 3, Demol., § 157.) L'opinion opposée nous semble préférable, parce qu'elle repose sur ce principe qui domine notre matière, que si l'un des créanciers solidaires ne peut pas être considéré comme le mandataire de ses cocréanciers, à l'effet d'empirer leur condition, il doit être, au contraire, toujours considéré comme leur mandataire, à l'effet de l'améliorer (Rod., § 21, Laromb., 1198, § 13 et 14, Aubry et Ran, § 288 *bis* f, Troplong, *des Trans.*, 125.)

Après nous être occupé de la transaction et du compromis, nous sommes naturellement amené à rechercher quel effet produira sur l'obligation solidaire le jugement rendu pour ou contre l'un des créanciers. Cette question a fait naître bien des controverses.

Dans un premier système, la chose jugée entre le débiteur et l'un des créanciers est toujours à l'égard des autres *res inter alios acta* (Dur., t. 11, n° 179.)

Dans un deuxième système, le jugement favorable pourra être invoqué par les autres créanciers, mais le jugement défavorable ne pourra pas leur nuire. (Delvinc., t. 2, p. 140, Duverg. sur Toull., t. 3, n° 726, note a, Rod. n° 27, Zach., t. 3., p. 12.)

Enfin, dans un troisième système, on décide que la chose jugée entre le débiteur commun et l'un des créanciers solidaires devra, dans tous les cas, être réputée jugée à l'égard des autres. (Demol. § 191, Marc. art. 1198, Laromb., t. 2, art. 1198, n° 15, C. de Sant., t. 5, n° 328 *bis*, Dall. § 1578, Merlin., *Quest. de Droit, ch. jugée*, § 18, n° 1, etc.)

Le premier système a trouvé peu de partisans; il semble, en effet, 1° ne point concorder avec les règles du mandat d'après lesquelles tout mandataire peut améliorer la position de ses mandants; 2° être en opposition avec les art. 1198 et 1199, qui permettent à un créancier solidaire de poursuivre seul le débiteur commun ; à quoi bon, dit-on, accorder au créancier pareil droit, s'il n'a point la possibilité de plaider ? Enfin, ce premier système entraînerait des frais et des lenteurs inutiles, en obligeant le débiteur à mettre en cause tous les créanciers, chaque fois qu'une difficulté surgirait à propos de la créance commune.

Il semblerait, après avoir décidé que la transaction et le compromis profiteront et ne nuiront pas aux créanciers solidaires, que nous devrions soutenir le deuxième système ; nous le rejetterons néanmoins, parce qu'il mettrait le débiteur, vis-à-vis des créanciers, dans une position inégale, lorsqu'il se verrait obligé de plaider contre un seul d'entre eux ; si nous avons admis que la transaction, au contraire, ne pourra être opposée par le débiteur aux créanciers qui n'y auront pas pris part, que dans le cas où elle leur serait avantageuse, cela tient à ce que le débiteur peut toujours refuser une transaction.

Nous adopterons donc le 3ᵉ système, comme le plus équitable et le plus juridique. Chaque créancier a en effet le droit de demander le paiement de la totalité de la créance, et par là même celui de poursuivre (1198) ; or, comme nous le disions plus haut, que signifierait pour un créancier solidaire le droit de poursuite, s'il était obligé de mettre en cause tous ses cocréanciers, dès l'instant où le débiteur, par son mauvais vouloir, soulèverait des difficultés. D'un autre côté, le débiteur a le droit de payer toute la dette à l'un quelconque des créanciers ; ce droit ne doit-il pas impliquer celui de contraindre par jugement le créancier à recevoir ; or, l'on ne saurait admettre que le créancier puisse, par caprice, forcer le débiteur à assigner tous ses cocréanciers.

En vain viendrait-on prétendre, que donner à chaque créancier solidaire le droit de plaider, c'est lui donner le droit de compromettre, par son fait personnel, le droit de ses co-créanciers. Il ne faut pas confondre le jugement, avec la transaction ou le serment; sans doute, le serment déféré au débiteur par l'un des créanciers, ou la transaction faite par le débiteur avec l'un des créanciers, ne nuiront pas aux autres (1365), car il serait injuste qu'un créancier pût perdre volontairement, et par son fait personnel, le droit de ses cocréanciers; mais très-différent est le jugement qui émane d'un magistrat représentant la société; il devra pouvoir être opposé à tous les créanciers, parce que l'on ne peut plus dire qu'en plaidant : c'est le créancier solidaire qui dispose de la créance, c'est la justice qui prononce entre le créancier et le débiteur. Toutefois, si dans l'instance, le créancier poursuivant avait compromis la créance par sa faute ou son fait, les autres seraient admis à former tierce opposition, parce qu'ils n'auraient pas été représentés ; nous irons même plus loin, et nous admettrons que le jugement rendu au profit du débiteur contre un seul des créanciers, n'aurait pas l'autorité de la chose jugée contre les autres, s'il avait été rendu par suite d'un aveu, d'une renonciation, d'une reconnaissance ou d'un acquiescement; car le mandat réciproque, que contient la solidarité, donne le droit de plaider, mais non pas celui de disposer de la créance commune.

Tel est le système que nous adopterons : « Est-il raisonnable, en effet, dit M. Demolombe, que le débiteur puisse recommencer successivement contre chacun des créanciers solidaires, le procès qu'il a perdu contre l'un d'eux! ou réciproquement, que chacun des créanciers puisse successivement recommencer contre le débiteur le procès que l'un d'eux a perdu! avec redoublement de frais et de lenteurs dans les deux cas. Mais c'est précisément pour éviter toutes ces poursuites successives et individuelles, que la solidarité a été faite! » (§ 191, 4°.)

Parmi les modes d'extinction des obligations, il y en a trois qui éteignent de plein droit l'obligation : c'est la compensation, la confusion, et la perte de la chose; nous aurons à rechercher quel effet ils produiront sur la créance solidaire.

En ce qui concerne la compensation, nous croyons devoir l'assimiler au paiement, et décider que, si elle intervient entre le débiteur et l'un des créanciers, avant aucune poursuite (1198), et dans les conditions déterminées par l'art. 1191, la dette solidaire sera éteinte de plein droit à l'égard de tous les créanciers; la compensation est, en effet, un paiement fictif, non moins énergique que le paiement réel, puisqu'elle s'opère par la seule force de la Loi, même à l'insu des parties (1290).

Quelques auteurs n'ont, au contraire, voulu voir dans la compensation, qu'une exception personnelle vis-à-vis de celui des créanciers du chef duquel la compensation a eu lieu (Delv., t. 2, p. 715; Marc., art. 1198). En effet, disent-ils, pour les portions de la créance, qui doivent revenir à ses cocréanciers, chaque créancier solidaire n'est que le mandataire des autres; or, il est de principe, qu'on ne peut opposer au mandant la compensation de ce qui n'est dû que par son mandataire. Il est facile de répondre : 1° qu'il s'agit ici d'un mandat légal, qu'il ne faut point assimiler complètement au mandat ordinaire; 2° que les créanciers solidaires, étant tout à la fois les mandataires et les mandants les uns des autres, sans qu'on puisse dire quel est celui de ces rôles qui prédomine, on peut soutenir que, lorsque le débiteur oppose à l'un d'eux la compensation de ce que l'autre lui doit, il n'oppose pas au mandant la compensation de ce que le mandataire lui doit; c'est au mandataire qu'il oppose la compensation de ce que lui doit le mandant. (Demol.)

On invoque encore à l'appui de cette deuxième opinion un argument d'analogie tiré de l'art. 1294. Nous verrons, lorsque nous étudierons les effets de la compensation sur la solidarité passive, que cette disposition tout exceptionnelle a pour but d'empêcher l'immixtion de l'un des codébiteurs solidaires dans les relations existant entre le créancier et ses codébiteurs; or ici, la compensation ne pouvant pas entraîner de pareils inconvénients, nous devons logiquement tirer de l'art. 1294 un argument *a contrario* plutôt qu'un argument d'analogie. (Rod. § 16, Demol. § 193, C. de Sant. 130 bis 4. Laromb. t. 2, art. 1198, n° 8, etc.)

Si de la compensation, nous passons à la confusion, la même discussion s'élèvera; mais tandis que nous avons considéré la compensation comme produisant un effet absolu sur la créance solidaire, nous pensons, contrairement à l'opinion de M. Colmet de Santerre (t. 5, § 130 bis 5) que la confusion ne doit éteindre la créance que pour la part du créancier qui succédera au débiteur, car la confusion est bien plutôt une paralysie du Droit qu'un véritable mode d'extinction des obligations, paralysie qui n'est évidemment que partielle. (Demol. § 195, Marc. art. 1198. Dalloz, § 1380, Massé, *Dr. comm.* t. 5, n° 29, etc.)

Quant à l'extinction de la créance solidaire par la

perte fortuite de l'objet dû, il n'est pas douteux qu'elle ait un effet libératoire absolu.

Nous venons d'examiner comment l'un quelconque des créanciers solidaires peut éteindre ou modifier la créance commune, et jusqu'à quel point il peut le faire! Si, comme nous l'avons vu, les pouvoirs des créanciers solidaires sont très-restreints lorsque l'acte que l'un d'entre eux veut faire peut nuire aux autres, c'est parce qu'ils ne sont que les mandataires les uns des autres; ils auront, au contraire, un pouvoir absolu pour améliorer ou conserver la créance commune, car il entre dans les pouvoirs du mandataire de faire tout ce qui peut être utile à son mandant. Il résultera de ce principe, que si l'un des créanciers fait courir les intérêts, s'il stipule des sûretés telles qu'une hypothèque ou un cautionnement, tous les autres en profiteront; de même tout acte qui interrompt la prescription à l'égard de l'un des créanciers profitera aux autres (1199). Ainsi les poursuites exercées par l'un des créanciers, la reconnaissance de la dette par le débiteur, interrompront la prescription en faveur de tous.

Mais en est-il de la suspension comme de l'interruption? Lorsque, par exemple, l'un des créanciers solidaires se trouve mineur, et la chose due divisible, la prescription suspendue en faveur du créancier mineur continuera-t-elle à courir contre les créanciers majeurs? Quelques auteurs l'ont soutenu (Delv. Dur. Laromb. Demol.); dans ce système, on assimile la suspension à une interruption légale, et on en tire la conclusion que la créance ayant été suspendue en faveur de l'incapable, c'est le droit tout entier qui a été conservé de son chef. Ce résultat, ajoute M. Larombière, est la conséquence du principe que chacun des créanciers, dans ses rapports avec le débiteur, doit être considéré comme seul et unique créancier (art. 1199, n° 3).

Presque tous les autres auteurs et la Jurisprudence pensent, au contraire, que la suspension de la prescription n'aura qu'un effet relatif. Nous adopterons ce deuxième système comme le plus conforme aux principes mêmes qui régissent la solidarité ; en effet, si l'interruption émanant d'un seul des créanciers profite aux autres, c'est en vertu du mandat qui existe entre eux, qui leur donne le soin de conserver la créance commune (1990); mais par rapport à la suspension de prescription, l'on ne saurait admettre qu'un mandant ait le droit de se prévaloir de la minorité d'un mandataire; quant à l'argument de M. Larombière, nous y répondrons en disant que le principe qu'il pose faisait, en effet, qu'en Droit Romain, la créance solidaire ne pouvait ni s'éteindre, ni se conserver pour partie seulement; mais en Droit Français, on admet, au contraire, que le bénéfice de la créance est de plein droit partageable entre tous les créanciers. (Aubry et Rau sur Zach., t. 4, § 298 *bis*, note 11.)

La prescription encourue par les créanciers majeurs équivaudra par conséquent à une remise qu'ils auraient faite de leurs parts.

En matière d'indivisibilité, à raison de la nature de la chose qui est *in obligatione*, il faut admettre un principe différent, d'où la maxime : *Minor relevat majorem in individuis*.

Lorsque l'un des créanciers solidaires meurt laissant plusieurs héritiers, la solidarité ne donnant point à l'obligation le caractère d'indivisibilité (1219), chaque héritier ne pourra poursuivre que le paiement de sa part dans la totalité de la créance, et les actes de disposition faits par l'un des héritiers ne vaudront que pour sa part dans la part de son auteur, de même, et par suite du même principe, il faut décider que si un seul des héritiers du créancier solidaire interrompt la prescription, il conservera la créance vis à-vis des autres créanciers solidaires, mais seulement pour sa part dans la créance totale; ses cohéritiers, au contraire, ne profiteront aucunement de l'interruption, parce que, de cohéritier à cohéritier, l'obligation cesse d'être solidaire. (Laromb., t. 2, art. 1199, § 4, Dur., t. 11, § 180, Zach., t. 2, § 528, note 13.) L'art. 2249 le décide ainsi pour les héritiers des débiteurs solidaires; les mêmes raisons doivent faire admettre la même décision, si, au lieu de débiteurs, il s'agit de créanciers solidaires.

CHAPITRE DEUXIÈME

De la Solidarité entre débiteurs.

SECTION PREMIÈRE.

SON CARACTÈRE.

Il y a solidarité entre débiteurs, d'après l'art. 1200, « lorsqu'ils sont obligés à une même chose, de manière que chacun puisse être contraint pour la totalité, et que le paiement fait par un seul libère les autres envers le créancier. » Les éléments de cette solidarité sont donc au nombre de quatre ; il faut : 1° plusieurs débiteurs ; 2° qu'ils doivent tous la même chose ; 3° qu'ils la doivent à la même personne ; 4° qu'ils la doivent chacun pour le tout ; ajoutons pourtant un cinquième élément que ne mentionne pas l'art. 1200, mais qui résulte de l'art. 1202, il faut que l'obligation, telle que nous venons de la définir, soit conventionnelle ou légale, sinon, la solidarité pourrait être confondue avec l'indivisibilité qui, selon l'expression de Dumoulin, est une qualité réelle de l'obligation.

Si toutes ces conditions se trouvent réunies, nous aurons une obligation solidaire.

Si, comme nous venons de le voir, la même chose doit être due par tous les débiteurs, ce n'est point à dire pour cela que tous doivent s'obliger pour la même somme et dans la même mesure : Si Primus, par exemple, s'oblige solidairement avec Secundus pour 100, et que Secundus ne s'oblige solidairement avec Primus que pour 50, il n'y aura solidarité que pour 50, et pour les autres 50 promis par Primus, lui seul sera obligé; la solidarité s'arrêtera donc à la limite où s'arrête l'identité de l'objet dû.

Il n'est pas nécessaire non plus que tous les débiteurs soient obligés de la même manière : les uns peuvent être obligés purement et simplement, tandis que les autres le seront conditionnellement; les uns ont pu s'engager à payer dans un lieu, les autres dans un autre; un débiteur peut être majeur et s'obliger absolument, l'autre peut être mineur et ne contracter qu'une obligation annulable (1201).

On dira peut-être qu'il répugne qu'une seule et même obligation ait des qualités opposées; qu'elle soit pure et simple à l'égard de l'un des débiteurs, et conditionnelle à l'égard de l'autre ? Il est facile de répondre que l'obligation solidaire est une à la vérité par rapport à la chose qui en fait l'objet, le sujet et la matière, mais elle est composée d'autant de liens qu'il y a de personnes différentes qui l'ont contractée, et ces personnes étant différentes entre elles, les liens qui les obligent sont autant de liens différents qui peuvent, par conséquent, avoir des qualités différentes, etc. (Bug. sur Poth., v. 2, ch. 3, art. 8, § 263.)

Quand les différents codébiteurs seront engagés au paiement de la dette sous des conditions diverses, chacun sera tenu vis-à-vis du créancier dans la limite de son engagement. Ainsi, celui qui se sera engagé à terme, ne pourra être poursuivi qu'à l'échéance du terme, tandis que celui qui se sera engagé purement et simplement, pourra être poursuivi de suite (Inst., § 2, *de d. reis*), et même, dans les rapports des codébiteurs, celui qui aura été forcé de payer immédiatement, ne pourra exercer de recours contre son coobligé qu'après l'échéance du terme, à moins que ce terme n'eût été accordé à ce débiteur qu'après coup par le créancier, car il ne saurait appartenir au créancier de modifier par son fait la position réciproque des codébiteurs. (Demol., § 217.)

Ordinairement, tous les débiteurs solidaires s'obligent par le même acte et dans le même temps (1995), mais ce n'est point une règle obligatoire; car l'unité de dette n'implique pas l'unité de temps : les débiteurs pourraient parfaitement contracter les uns après les autres et par actes séparés, pourvu toutefois que ces différents actes se référassent les uns aux autres ; il faut, par exemple, que Primus, qui contracte le premier, consente à être solidaire avec Secundus, dont l'engagement doit intervenir plus tard, et que Secundus, lorsqu'il contractera, accepte à son tour, comme codébiteur, Primus, qui s'est déjà obligé.

Du moment, en effet, où un mandat réciproque doit exister entre les codébiteurs solidaires, il est indispensable qu'ils soient en rapport les uns avec les autres, de manière à pouvoir se donner mutuellement ce mandat. (Demol., § 206 ; Marc. sur l'art. 1201 ; C. de Sant., t. 5, n° 154 *bis* 2 ; Laromb , art. 1200, n°s 5-6.)

Quelques auteurs (Toullier, Dur., Delv., Zach.), se fondant sur l'art. 12 (Dig. *de d. reis*), *si ex duobus reis, qui promissuri sint, hodie alter, alter posterà die responderit, non esse duos reos*, ont pensé que la solidarité véritable ne pouvait pas exister entre deux personnes s'étant obligées par deux actes séparés. C'est là une erreur, car cette Loi, qui s'explique par la forme rigoureuse de la stipulation, n'a plus de raison d'être dans notre Droit.

Il faut donc admettre, sans hésiter, que la solidarité peut exister entre débiteurs s'étant engagés par actes séparés, pourvu qu'ils se soient mutuellement donné mandat de contracter. Dans le cas, par conséquent, où un premier engagement aura été contracté par un débiteur unique, sans indication d'un autre coobligé, si un tiers intervient ensuite pour s'engager solidairement avec lui, ce deuxième promettant ne sera point un débiteur solidaire, mais une caution solidaire, parce que son engagement n'a point été connu du premier obligé; or, entre la solidarité et le cautionnement même solidaire, il y a cette différence essentielle que la caution solidaire n'est qu'un obligé accessoire, tandis que l'obligé solidaire est un obligé principal.

SECTION DEUXIÈME.

COMMENT ÉTABLIT-ON LA SOLIDARITÉ PASSIVE ?

Aux termes de l'art. 1202, la solidarité passive « ne se présume point, il faut qu'elle soit expressément stipulée ; cette règle ne cesse que dans le cas où la solidarité a lieu de plein droit, en vertu d'une disposition de la loi. » A propos de la solidarité active, nous avons déjà vu l'art. 1197 déclarer que le titre devait être exprès ; ici il est dit que la solidarité ne se présume pas ; ces expressions, à peu près équivalentes, doivent être entendues en ce sens que le contrat, qui crée la solidarité soit active, soit passive, doit exprimer l'intention de créer cette modalité de l'obligation, non point en termes sacramentels, mais d'une manière claire et précise. (C. de Sant., § 135 *bis* 1 ; Demol., § 222 ; Laromb., art. 1202, § 4, etc.) Demolombe cite comme équivalents du mot solidaire, les expressions suivantes : « l'un pour l'autre.... un seul pour le tout..; chacun pour le tout, le meilleur pour le tout.. » (§ 230). Il faudra aussi présumer la solidarité, si les débiteurs déclarent renoncer aux bénéfices de division et de discussion ou à l'un deux seulement ; car, en renonçant à l'un ou à l'autre, chacun d'eux se constitue débiteur principal, et conséquemment débiteur de la totalité, comme s'il était seul et unique débiteur (Laromb., art. 1202, § 5 ; Demol., § 231). Pourtant, si les coobligés, qui ont fait la renonciation, soit du bénéfice de division, soit de celui de discussion, n'avaient contracté qu'un simple cautionnement, la solidarité ne devrait pas être présumée, car la caution peut renoncer à l'un sans renoncer à l'autre (2021, 2026).

Si les parties ne se sont point exprimées assez clairement, on présumera que leur obligation sera simplement conjointe, parce que l'obligation conjointe est moins onéreuse pour le débiteur que l'obligation solidaire, et que, dans le doute, les conventions doivent s'interpréter en faveur des débiteurs contre les créanciers (1162). « Suivant ce principe, dit Pothier, dans l'espèce d'un héritage qui appartient à quatre propriétaires, trois l'ayant vendu solidairement, et ayant promis de faire ratifier la vente par le quatrième propriétaire, il a été jugé que le quatrième, en ratifiant, n'était pas censé avoir vendu solidairement, parce que les trois autres avaient bien promis pour lui qu'il accéderait au contrat de vente; mais il n'était pas exprimé qu'il y accéderait solidairement. » (Bugn. sur Poth., ch. 3, art. 8, § 265.)

On pourrait citer d'autres exemples, mais ce serait sans utilité, du moment que nous avons posé la règle à laquelle il faut s'attacher dans les différentes hypothèses qui peuvent se présenter; disons seulement que, pour éviter les difficultés d'interprétation qui peuvent résulter de formules plus ou moins équivoques, et pour être sûres de ne point voir leur intention véritable dénaturée, les parties feront bien, lorsqu'elles s'engageront solidairement, d'employer les mots « solidaire, solidairement. »

La solidarité « doit être expressément stipulée. » (1202). Ce mot « stipulée », qui se trouve dans l'art. 1202, n'est point parfaitement exact. Pris à la lettre, il ferait croire que la solidarité ne peut résulter que d'une convention, ce qui serait une erreur; rien n'empêche, en effet, un testateur qui a le droit de mettre un legs à la charge exclusive de l'un de ses héritiers, de le mettre à la charge de tous ses héritiers solidairement. (Demol., § 220, C. de Sant., n° 135 *bis* 1, Laromb., art. 1202, n° 11.) Le Droit Romain le décidait ainsi (Loi 9, Dig. de *d. reis*), tel était aussi l'avis de Pothier (§ 269).

« Cette règle ne cesse que dans le cas où la solidarité a lieu de plein droit... » (1202). Il résulte de la fin de l'art. 1202 que la solidarité passive peut être conventionnelle ou légale, contrairement à la solidarité active, qui n'est jamais que conventionnelle (1197.)

CHAPITRE TROISIÈME

Solidarité conventionnelle ou testamentaire.
Des rapports des codébiteurs avec le créancier.

SECTION PREMIÈRE.

DROIT DE POURSUITE DU CRÉANCIER.

Nous avons dit que le caractère principal de la solidarité est que « tous les débiteurs sont obligés à une même chose, de manière que chacun puisse être contraint pour la totalité, et que le paiement fait par un seul libère les autres envers le créancier. » (1200.)

Les articles suivants, qui règlent les rapports des codébiteurs avec le créancier, ne contiennent que le développement logique de ce principe.

La première conséquence de l'art. 1200 sera, comme le dit l'art. 1203, que « le créancier pourra s'adresser à celui des débiteurs qu'il voudra choisir, sans que celui-ci puisse lui opposer le bénéfice de division. » N'est-il point logique, en effet, que chaque débiteur, du moment où il est débiteur du total, puisse être actionné pour ce total ? Si, au contraire, l'un des codébiteurs est mort laissant plusieurs héritiers, la dette se divisant de plein droit entre tous (873, 1220), chacun ne devra solidairement qu'une fraction de la dette totale, correspondante au nombre des héritiers. Quant au bénéfice de division que l'art. 2026 accorde aux cautions pour forcer le créancier à réduire son action à la part et portion de chacune d'elles, il était inutile que l'art. 1203 le refusât expressément aux codébiteurs solidaires, car il est de sa nature destructif de toute solidarité; la solidarité a, en effet, pour but non-seulement de garantir au créancier le paiement de la totalité de sa créance, mais encore de lui garantir qu'il l'obtiendra en une seule fois sans fractionnement.

Si le législateur a cru devoir faire à ce sujet une mention expresse, cela s'explique par les précédents historiques : certains jurisconsultes, en effet, ayant soutenu dans le Droit Romain et dans le Droit Français que la *Novelle* 99 accordait le bénéfice de division aux *correi promittendi* (Loi 47 *locati*), d'autres, comme Pothier, § 270, sans être allés jusque-là, ayant eu quelque doute sur l'interprétation de ce texte, les rédacteurs du Code civil ont pensé qu'il était utile de faire cesser toute controverse.

L'art. 1203 établit donc la solidarité dans toute son énergie, elle donne au créancier le droit absolu de poursuite contre chaque débiteur; toutefois, le refus du bénéfice de division n'entraîne pas pour le débiteur poursuivi la privation du droit d'appeler en cause ses codébiteurs, conformément à l'art. 175 du C. de proc., de manière à faire statuer par un seul jugement sur la demande du créancier, et sur le recours en garantie qu'il a le droit d'exercer contre ses codébiteurs (1214) ; les termes généraux de l'art. 175 ne permettent pas d'en douter, du moment que les débiteurs solidaires sont bien certainement garants les uns des autres (1215). L'appel d'un codébiteur en garantie n'aura, du reste, pour le créancier, qu'un inconvénient minime, tandis qu'il procurera un avantage considérable au débiteur.

Si le créancier a le droit de demander le paiement du total à chaque débiteur, il faut reconnaître le droit corrélatif pour chaque débiteur de forcer le créancier à recevoir toute la dette, lors même qu'il aurait intérêt à la recevoir divisément ; « le droit de payer sans division, dit Larombière, résulte, pour chaque débiteur, de ce que la solidarité même l'oblige à payer ainsi. » (Art. 1204, § 4, Demol., § 318, Zach., t. 3, p. 18.)

Nous avons vu que le législateur avait eu pour but, par la fin de l'art. 1203, de prévenir les doutes que la Loi Romaine aurait pu faire naître sur l'étendue et la nature du droit de poursuite du créancier, vis-à-vis des codébiteurs solidaires ; l'art. 1204, qui décide « que les poursuites faites contre l'un des débiteurs, n'empêchent pas le créancier d'en exercer de pareilles contre les autres, » ne peut également s'expliquer que par la tradition historique : évidemment préoccupés des effets de la *litiscontestatio*, bien qu'ils eussent disparu depuis la Constitution 28 au Code *de fidejussoribus*, nos législateurs ont cru à tort, ainsi que l'avait fait Pothier, leur guide en cette matière (§ 271), devoir reproduire l'abrogation de cet effet de la procédure romaine.

Le créancier peut donc, dans notre Droit, poursuivre à son gré l'un quelconque des débiteurs, soit pour partie, soit pour le tout, sans perdre le droit de poursuivre ensuite les autres, jusqu'à parfait paiement.

L'application de ce principe peut amener des difficultés, dans le cas où tous les débiteurs seront en déconfiture; devra-t-on suivre alors la disposition de l'art. 542 du C. de Commerce, qui prévoit la même hypothèse en matière de faillite, c'est-à-dire permettre au créancier solidaire de figurer au passif de chacun de ses codébiteurs, pour la valeur nominale de son titre, jusqu'à complet paiement (Laromb., art. 1204, n° 5); devra-t-on, au contraire, décider, comme le soutient M. Demolombe, § 340, que l'art. 542 est inapplicable en matière civile, et que le créancier solidaire ne pourra faire valoir ses droits, successivement sur le passif de chacun de ses débiteurs, que sous la déduction des à-comptes qu'il aurait reçus de chacun d'eux, ainsi que l'avaient décidé, en matière de faillite, dans l'ancien Droit, Dupuy de la Serra, Jousse et Pothier (*Traité du Contrat de change*, § 160), le Parlement de Paris en 1706, et celui d'Aix en 1776.

Très-peu de jurisconsultes se sont prononcés sur cette délicate question, et la jurisprudence ne l'a, croyons-nous, pas encore tranchée. Obligé de choisir entre les deux systèmes que nous venons d'exposer, nous déciderons que l'art. 542 du C. de C., ne sera pas applicable ici, car le Code de Commerce en général, et la législation sur la faillite en particulier, ne doivent pas être étendus par analogie; du reste, le motif essentiel qui sert de base à l'art. 542, doit en faire restreindre l'application aux faillites où le principe du paiement disparaît, pour faire place à celui du dividende. (Bravard-Veyr., *Dr. comm.*, t. 5, p. 594.) M. Demangeat (en note) va même jusqu'à dire que l'art. 542 est un expédient plus facile à justifier par le but d'utilité pratique et d'équité que le législateur se proposait d'atteindre, que par la logique exacte des principes de droit. Sans oser aller aussi loin, nous pensons que la disposition de l'art. 542 peut s'expliquer juridiquement, en Droit commercial, par la combinaison des principes généraux de la solidarité et des principes particuliers de la faillite; dans le Droit civil, au contraire, la déconfiture n'ayant point été l'objet d'une réglementation spéciale, et n'étant considérée que comme l'insolvabilité pure et simple, il faut, à notre avis, déclarer que le créancier, qui a reçu une partie de sa créance, doit être considéré comme ayant reçu un paiement partiel qui diminue sa dette et ne lui permet plus de réclamer que le surplus. C'est là le principe général, et il est tellement équitable, qu'il faudrait une disposition juridique bien précise pour ne point s'y conformer.

SECTION DEUXIÈME.

DE LA RESPONSABILITÉ QUI INCOMBE AUX CODÉBITEURS PAR SUITE DE LA MODIFICATION OU DE L'EXTENSION DE L'OBLIGATION SOLIDAIRE.

Si l'objet qui est dû solidairement périt sans qu'il y ait eu faute ni mise en demeure d'aucun des débiteurs, il n'est pas douteux que l'obligation est éteinte (1302); il est certain également que si la perte provient du fait de tous les débiteurs, ou arrive pendant la demeure de tous, ils seront tenus solidairement de toutes les conséquences qui pourront en résulter.

Aux termes de l'art. 1205, au contraire, « si la chose due a péri par la faute ou pendant la demeure de l'un ou de plusieurs des codébiteurs solidaires, les autres codébiteurs ne sont point déchargés de l'obligation de payer le prix de la chose; mais ceux-ci ne sont point tenus des dommages-intérêts. »

Cette décision de l'art. 1205 peut être critiquée à plusieurs points de vue : du principe même de la solidarité, il semblerait résulter que chacun des codébiteurs solidaires est responsable personnellement, et même pour la totalité, des conséquences de la mise en demeure, de la faute ou de la négligence de ses codébiteurs (Demol. § 344, Laromb. 1205, § 1). On eût pu encore, bien que cela fût moins logique, adopter la règle Romaine et déclarer les débiteurs solidaires responsables de la faute de leurs codébiteurs, et considérer la mise en demeure comme ne devant au contraire nuire qu'à celui des débiteurs contre lequel elle aurait été donnée; car l'on pouvait très-bien comprendre que tous les débiteurs supportassent les conséquences de la faute de l'un d'eux, faute que le créancier ne pouvait pas empêcher, et que la mise en demeure d'un seul ne produisît pas le même résultat, le créancier ne devant s'en prendre qu'à lui-même, si la mise en demeure n'a point été générale (1204).

Aussi ne chercherons-nous pas à justifier la décision de l'ar. 1205, qui ne peut s'expliquer qu'historiquement. Introduite, en effet, par Dumoulin (*Divid. et individ. pars* 3, n°s 126-127), pour l'interprétation des deux Lois

18 *Dig. de duobus reis* et 52, § 4, *de usuris*, et reproduite par Pothier (§ 275); cette théorie repose sur la différence à faire entre la perpétuation et l'augmentation de l'obligation; les codébiteurs sont, dit-on, mandataires les uns des autres à l'effet de perpétuer l'obligation, *ad perpetuandam obligationem*, mais non à l'effet de l'augmenter, *non ad augendam*. « Observez, dit Pothier, que le fait, la faute ou la demeure de l'un des débiteurs solidaires préjudicie à la vérité à ses codébiteurs *ad conservandam, et perpetuandam obligationem*, c'est-à-dire à l'effet qu'ils ne soient pas déchargés de leur obligation par la perte de la chose, et qu'ils soient tenus d'en payer le prix... Mais la faute, le fait ou la demeure ne préjudicie pas aux autres *ad augendam ipsorum obligationem*, c'est-à-dire qu'il n'y a que celui qui a commis la faute ou qui a été mis en demeure qui doive être tenu des dommages-intérêts. » (273.)

Il est évident que ce système n'est pas fondé, car comment prétendre que la situation d'un débiteur n'est pas aggravée, lorsqu'on l'oblige à payer le prix de la chose qui a péri par le fait ou pendant la demeure de l'un de ses codébiteurs, alors qu'avant l'événement il n'était tenu qu'à délivrer un corps certain qui était dans ses mains!

La conciliation cherchée par Dumoulin n'était donc pas exacte; on explique aujourd'hui les deux Lois 18 de *de reis*, et 52, § 4, *de usuris*, en admettant une différence entre les effets de la faute et ceux de la demeure (Dem. *des Oblig. Solid.*, p. 379); mais cette erreur de Dumoulin n'a pas moins engendré dans notre Code la théorie si critiquée de l'art. 1205.

La distinction que fait l'art. 1205 doit être abandonnée, quand les dommages-intérêts ont été stipulés dans le contrat lui-même comme clause pénale (1152), pour le cas où l'engagement solidaire ne serait point exécuté ou ne serait exécuté que tardivement : c'est ce quedécidaient Dumoulin et Pothier (§ 273). « Dans ce cas, en effet, Dumoulin voit dans la convention qui règle expressément les dommages-intérêts une obligation conditionnelle, et l'inexécution de la part même de l'un des débiteurs est la réalisation de cette condition. (Bug. sur Poth. ch. 3, art. 8, § 273, note 1.) Il y a du reste sur ce point un argument puissant d'analogie dans l'art. 1232.

L'art. 1206 contient une doctrine qui rentre aussi sous le principe « que les débiteurs sont réciproquement mandants et mandataires les uns des autres *ad perpetuandam, non autem ad augendam obligationem*, » principe qui a guidé le législateur dans toute la matière de la solidarité : il décide que « les poursuites faites contre l'un des débiteurs solidaires interrompent la prescription à l'égard de tous. » L'art. 1206 est complété par l'art. 2249, qui décide « que la reconnaissance faite par l'un des codébiteurs aura le même effet que l'interpellation. » (2249.) Ce même article, examinant l'hypothèse dans laquelle l'un des codébiteurs solidaires est mort laissant plusieurs héritiers, décide que l'interpellation faite à l'un des héritiers d'un débiteur solidaire, ou la reconnaissance de cet héritier, n'interrompra pas la prescription à l'égard des autres cohéritiers, quand même la créance serait hypothécaire, si l'obligation n'est indivisible.

« Cette interpellation ou cette reconnaissance n'interrompt la prescription, à l'égard des autres codébiteurs, que pour la part dont cet héritier est tenu. Pour interrompre la prescription pour le tout , à l'égard des autres codébiteurs, il faut l'interpellation faite à tous les héritiers du débiteur décédé, ou la reconnaissance de tous ses héritiers. » (2249.)

Il résulte de cet article, qu'il faut appliquer ici les principes que nous avons déjà exposés à propos de la division de la dette solidaire entre les héritiers de chacun des codébiteurs : Les héritiers sont solidaires avec les co-débiteurs de leur auteur, mais non pas entre eux ; il est donc naturel qu'étant, les uns par rapport aux autres, dans la situation de débiteurs conjoints, l'interpellation faite à l'un d'eux n'interrompe pas la prescription à l'égard des autres.

L'article 1206 étant général , doit être applicable à toutes les poursuites qui peuvent être considérées comme interruptives de prescription. Ainsi faut-il admettre que, si un créancier assigne tous les co-débiteurs solidaires, et obtient contre eux un jugement par défaut, lors même qu'il n'aurait fait exécuter ce jugement dans les six mois (156, C. Proc.) que contre l'un des codébiteurs , cette exécution aurait empêché la péremption contre les autres ; la péremption constitue , en effet , une sorte de prescription du jugement par défaut à laquelle doivent s'appliquer les dispositions des art. 1206 et 2249 (Merlin, *Ch. j.*, § 18 ; Rod., § 116 ; Laromb. , art. 1208, n° 6 ; Demol., § 362 ; Zach, t. 3 , pag. 20-21 ; Cassat., 2 mai 1855).

Doit-on assimiler à l'interruption la suspension de prescription, l'art. 1206 concerne-t-il les deux hypothèses ? Nous avons déjà eu à résoudre une question analogue, à propos de la solidarité active, et nous avons décidé que la suspension de prescription devait être personnelle. Nous pensons également que, lorsque la prescription sera suspendue à l'égard de l'un des débiteurs solidaires, cette circonstance ne l'empêchera pas de courir au profit des autres. Nous dirons d'abord, pour justifier cette doctrine, que la prescription est le droit commun, et la suspension l'exception, d'où la conclusion naturelle que la suspension, n'étant pas prononcée par un texte de loi contre les débiteurs du chef desquels elle n'émane pas, ne doit pas être admise; et, si l'on pouvait tirer un argument des art. 1206, 2249, 2250, ce serait un argument *a contrario*. « En cas de suspension de la prescription, dit Larombière, il y a inaction de la part du créancier, et son droit périt conséquemment à l'égard des codébiteurs qu'il n'a pas poursuivis, quoiqu'il pût et dût les poursuivre. Bien que l'obligation solidaire soit principale et une pour tous, elle n'a pas laissé de produire autant d'actions qu'il y a de liens particuliers, et une prescription distincte a atteint chacune des actions qui y correspondent. »

Du reste, comme il y a de grands rapports entre la remise et la renonciation tacite résultant de la prescription, on peut se prévaloir de l'art. 1285 pour résoudre la question qui nous occupe. Dans tous les cas, il paraît logique d'admettre, en cas de suspension de prescription à l'égard de l'un des codébiteurs, le droit pour ce codébiteur d'invoquer la prescription pour les parts de ses coobligés; le créancier, qui a à s'imputer d'avoir laissé prescrire son droit à leur égard, doit être traité comme s'il avait réellement reçu leurs parts dans la dette, ou comme s'il leur en avait fait remise. (Zach., t. 2, p. 268, note 27; Duverg. sur Toull., t. 7, n° 728; Massé et Vergé, t. 5, p. 388; Laromb. sur l'art. 1206, n° 4; Dalloz, § 1403; C. de Sant., 142 *bis* 5. — *Contrà* Rod., § 102, et Demol., § 414.)

Une disposition analogue à celle de l'art. 1206 se trouve dans l'art. 1207 : « La demande d'intérêts formée contre l'un des débiteurs solidaires fait courir les intérêts à l'égard de tous. » Les travaux préparatoires présentent ces deux droits comme dérivant du même principe, mais cette assimilation n'est pas exacte. L'interruption de la prescription ne fait que perpétuer la dette; la demande d'intérêts, au contraire, l'aggrave, car elle fait naître une obligation nouvelle; aussi l'art. 1207 doit-il être considéré comme une dérogation à l'art. 1205, et un abandon de la théorie de Dumoulin (*Divid. et individ.*, 126, p. 3). On explique généralement la décision de l'art. 1207, en disant que les intérêts moratoires, étant, dans les obligations de sommes d'argent, des dommages-intérêts fixés à l'avance par la Loi (art. 1153, et Loi du 3 sept. 1807), les rédacteurs du Code ont pu les considérer comme une clause pénale tacite. (Marc. art. 1207, et Demol., § 349.) Il va sans dire que les intérêts ne devront courir que contre les coobligés vis-à-vis desquels la dette sera exigible; si donc l'un des débiteurs ne doit qu'à terme, il ne sera comptable des intérêts qu'à partir de l'échéance du terme; mais, à partir de cette époque, ils courront de plein droit, sans qu'il soit besoin de nouvelle demande (Marc. 1207, et C. de Sant., 141 *bis*, 2).

Il faut interpréter le mot « demande » de l'art. 1207 dans un sens large, et décider en conséquence que tout acte, par suite duquel le créancier pourrait faire courir les intérêts contre l'un des débiteurs solidaires, les ferait courir contre tous. (Demol., § 351.) Telle serait, par exemple, une convention dans le cas de l'art. 1154, ou une sommation dans le cas de l'art. 1652.

SECTION TROISIÈME.

DES MOYENS DE DÉFENSE A OPPOSER AUX POURSUITES DU CRÉANCIER.

Aux termes de l'art. 1208, « le codébiteur solidaire, poursuivi par le créancier, peut opposer toutes les exceptions qui résultent de la nature de l'obligation, et toutes celles qui lui sont personnelles, ainsi que celles qui sont communes à tous les codébiteurs. Il ne peut opposer les exceptions qui sont purement personnelles à quelques-uns des codébiteurs. »

Le mot « exception » désigne ordinairement un moyen de procédure (166, C. de Proc.), mais il a été détourné ici de son sens technique, et le législateur l'a employé comme synonyme de moyen de défense au fond.

L'art. 1208 distingue trois catégories d'exceptions ; cette division tripartite a été critiquée par plusieurs auteurs : il est certain, en effet, que les exceptions résultant de la nature de l'obligation, et les exceptions communes, bien que distinctes par leur origine, produisant le même effet, c'est-à-dire un effet absolu à l'égard de tous les codébiteurs, auraient pu être confondues dans une même catégorie, tandis que les exceptions personnelles, au contraire, ne devant pas toujours produire le même

effet, auraient dû former deux classes d'exceptions distinctes, exceptions personnelles et exceptions purement
personnelles. Dans la première, seraient rentrées les
exceptions qui, bien que n'affectant que l'engagement
individuel de l'un des codébiteurs, peuvent être opposées,
jusqu'à concurrence de sa part dans la dette, par les
autres ; dans la deuxième, les exceptions qui ne peuvent
aucunement être invoquées par les autres codébiteurs,
pour obtenir une diminution quelconque de leur obligation. (Demol., § 383 ; C. de Sant., 142 *bis* 1 ; Laromb.,
art. 1208, nᵒˢ 7, 8, 9 ; Marc., art. 1208.) La distinction
que nous faisons entre les exceptions personnelles et
purement personnelles, provient de la nature même des
choses, et est commandée par la force même des principes, l'art. 1208 la reconnaît du reste implicitement
dans son deuxième alinéa.

Les moyens de défense ou exceptions, que pourront
faire valoir les codébiteurs solidaires, se divisent donc
en définitive en communs, personnels et purement personnels; nous allons parcourir successivement les divers
modes d'extinction des obligations, et rechercher quelle
sera l'exception qui résultera au profit des débiteurs solidaires dans ces différentes hypothèses.

§ I. — *Paiement.*

Du moment que le paiement fait par un seul débiteur
libère tous les autres (1200), il donnera naissance à une
exception commune. Il en serait ainsi, lors même qu'il
serait fait par un tiers (1236), car le paiement une fois

effectué, le but de l'obligation étant rempli, l'obligation s'éteint.

La *datio in solutum* produira le même effet que le paiement.

De même les offres réelles suivies de consignation, faites par l'un des codébiteurs, libéreront définitivement tous les autres, lorsqu'elles auront été acceptées par le créancier ou déclarées valables par un jugement passé en force de chose jugée (1261 et 1262); et lors même que plus tard elles seraient retirées d'un commun accord entre le créancier et le débiteur qui a consigné, ce fait ne pourrait pas préjudicier aux autres codébiteurs qui demeureraient complètement libérés.

§ II. — *Novation.*

On peut encore rapprocher du paiement la novation. « Par la novation faite entre le créancier et l'un des débiteurs solidaires, dit, en effet, l'art. 1281, les codébiteurs sont libérés. » L'ancienne créance sera alors complètement éteinte, avec toutes ses sûretés et notamment la solidarité qui la garantissait (1278), et elle sera remplacée par une créance nouvelle qui sera telle que la convention l'aura créée, et qui n'empruntera de plein droit aucun des caractères de la créance primitive.

La Loi permet cependant au créancier qui consent à la novation, d'exiger, comme condition, que les débiteurs qui garantissaient la créance ancienne, consentent à garantir solidairement la créance nouvelle (1281, 3°); mais de ce que le créancier aura exigé que les codébiteurs primitifs adhèrent au changement qui s'est opéré, les priviléges et hypothèques dont leurs biens étaient tenus n'en subsisteront pas pour cela. La Loi, qui permet au créancier d'exiger le maintien de la solidarité, lui permet également d'exiger que les codébiteurs libérés continuent à garantir la créance nouvelle hypothécairement, et d'en faire une condition de la novation ; mais la Loi lui permettrait-elle de rattacher à la nouvelle créance les hypothèques et les priviléges qui garantissaient l'ancienne, sans le consentement des intéressés ?

Il semble que, si l'on ne consultait que l'art. 1251 3°, cette subrogation devrait être permise ; mais l'art. 1280, qui est spécial à notre matière, décide, au contraire, « que, lorsque la novation s'opère entre le créancier et l'un des débiteurs solidaires, les priviléges et hypothèques de l'ancienne créance ne peuvent être réservés que sur les biens de celui qui contracte la nouvelle dette », c'est-à-dire que les hypothèques qui grèvent les biens des débiteurs solidaires, qui ne sont point obligés à la nouvelle dette, ne peuvent être rattachées à la dette nouvelle que si les débiteurs y consentent.

Cette disposition de notre Code a été généralement critiquée par les Jurisconsultes modernes ; on ne voit pas, en effet, pourquoi le créancier, en opérant novation avec l'un des débiteurs, ne pourrait pas réserver des garanties sur les biens des autres, du moment que cette réserve des priviléges et hypothèques ne leur préjudicierait aucunement, du moment aussi où elle n'est nullement incompatible avec la libération personnelle. Il n'y a rien d'illogique, en effet, à ce qu'une hypothèque qui garantissait une obligation personnelle lui survive, du moment que l'on peut conférer une hypothèque sans

s'obliger personnellement. (Toullier, t. 7, n° 313; Dur.
t. 12, n° 305; Zach., p. 397; Laromb., 1280, n° 1;
Marc., art. 1279: C. de S., 228 *bis* 2 et 3.) Aussi ne
chercherons-nous pas à expliquer logiquement l'art.
1280 qui, comme le dit M. Rodière, « n'est pas aisé à
justifier; » (§ 70) qu'il nous suffise de savoir que les rédacteurs du Code civil l'ont emprunté un peu légèrement à Pothier, qui, rappelant le principe Romain contenu dans les Lois 18 et 30 *de noval.*, dont il tire une
interprétation contestable (Bugn. sur Poth., § 599, note
1, page 318), décide « que si l'un d'entre plusieurs débiteurs solidaires contracte envers le créancier une nouvelle obligation, et qu'il soit porté par l'acte que les
parties ont entendu faire novation de la première dette
sous la réserve des hypothèques, cette réserve ne peut
avoir d'effet que pour l'hypothèque des biens de ce débiteur qui contracte la nouvelle dette, et non pour les hypothèques des biens de ses codébiteurs, leurs biens ne
pouvant être hypothéqués à cette nouvelle dette sans leur
consentement (§ 599).

On comprend qu'en Droit Romain le maintien des
hypothèques fût incompatible avec l'extinction de la
dette au moyen de la novation, telle qu'elle s'opérait :
la novation s'opérant, en effet, alors par la stipulation,
elle devait être absolue. Mais aujourd'hui l'effet extinctif
de la novation pourrait parfaitement être limité par la
volonté des parties à l'obligation personnelle, aussi peut-
on regretter la disposition de l'art. 1280.

Faudrait-il aller jusqu'à admettre, comme M. Colmet
de Santerre, que même le consentement des parties ne
pourrait pas autoriser la réserve des hypothèques, et
décider que ce consentement pourrait seulement per-

mettre de créer sur les biens des codébiteurs libérés des hypothèques nouvelles, ayant un rang nouveau ? Nous ne le pensons pas : la Loi veut seulement que l'hypothèque ne puisse pas être réservée malgré celui qui l'a fournie (Pothier, § 562 ; Aubr. et Rau sur Zach., § 324, note 55 ; Mourl., § 1415 ; Marc., 1280 ; Dall., § 2518 ; Laromb., art. 1280, § 1).

L'art. 1280 est donc contraire aux principes généraux du droit, il est même de l'avis de plusieurs auteurs (Toull., t. 7, § 313, et Laromb., art. 1280, § 3), peu conciliable avec les règles de la subrogation (1251, § 3) : en effet, le débiteur solidaire qui éteint la dette, étant subrogé aux droits du créancier contre ses codébiteurs, pourra faire valoir contre eux pour leur part et portion les hypothèques attachées à l'ancienne créance, et le créancier, en vertu de l'art. 1166, pourra user du même droit. Or, du moment que l'art. 1251 3° permet d'actionner les codébiteurs libérés, sinon pour la dette entière, du moins pour leur part et portion, ne peut-on pas dire qu'il détruit jusqu'à un certain point l'art. 1280 ?

§ III. — *Remise.*

Il en est de la remise de la dette comme du paiement et de la novation, elle produit une exception commune à tous les débiteurs.

La remise peut être tacite ou expresse : elle est tacite, lorsque le créancier remet à l'un des débiteurs solidaires le titre original sous signature privée ou la grosse du titre ; l'art. 1284 décide que cette remise tacite aura un effet absolu, c'est-à-dire qu'elle fera preuve de libération au profit de tous les codébiteurs (1282). Quant à la remise expresse, l'art. 1285 décide « que la remise ou décharge conventionnelle au profit de l'un des codébiteurs solidaires libère tous les autres, à moins que le créancier n'ait expressément réservé ses droits contre ces derniers. »

Le législateur s'est, sur ce point, éloigné à tort de la doctrine de Pothier (§ 275), qui résolvait la difficulté de savoir si la remise avait été partielle ou totale, par une appréciation d'intention ; d'où il fallait conclure que la présomption était pour la remise partielle, les libéralités ne se présumant pas.

Si les rédacteurs du Code ont abandonné la doctrine de Pothier, si juridique et si équitable, c'est sans doute qu'ils ont été entraînés par la théorie Romaine sur l'*Acceptilatio* (Loi 2 *de d. reis*), tandis qu'ils auraient dû être guidés par la théorie des pactes. (Lois 21 et 25, § 1, *de pactis.*)

La réserve des droits du créancier, contre les codébiteurs qu'il ne veut point libérer, doit être faite en même temps que la remise ; plus tard, elle serait inefficace.

Quand le créancier a fait remise de la dette à l'un des débiteurs, en réservant ses droits contre les autres, « il ne peut plus répéter la dette que déduction faite de la part de celui auquel il a fait la remise. » (Art. 1285, 2°.) La remise donne donc naissance à un moyen de défense personnel, et non pas purement personnel ; mais quelle sera au juste cette part ? Sera-ce la part virile ou la part réelle ? Contrairement à l'opinion de quelques jurisconsultes (Rod., § 74), il faut admettre qu'à moins de circonstances de fait, qui révèlent que le créancier a connu la somme exacte due par chaque débiteur, la part dont parle l'art. 1285 sera la part virile; M. Valette, qui est de cet avis, pense toutefois et avec raison, croyons-nous, que si la part virile était plus forte que la part réelle, la remise ne devrait être que de la part réelle, car le créancier n'a voulu évidemment gratifier que le débiteur auquel il a fait la remise. (Laromb., Demol., Mourl., Marc.)

Une question délicate pourra se présenter dans le cas où le créancier ayant remis sa part seulement à l'un des débiteurs, d'autres tomberont insolvables. Est-ce le créancier qui devra supporter la part proportionnelle dans la perte causée par l'insolvabilité? Nous étudierons cette question plus bas, à propos des rapports respectifs des débiteurs.

On peut rapprocher de l'art. 1285 deux hypothèses qu'il ne prévoit pas. On peut supposer : 1° le cas où le débiteur auquel la remise est faite, au lieu d'être un codébiteur solidaire, serait une caution solidaire. Dans ce cas, dit Rodière, il faudrait appliquer la règle contenue dans l'art. 1287, et décider que la remise devrait s'entendre d'une remise du cautionnement seulement, la caution solidaire ne devant principalement aucune partie de la dette (§ 74). On peut supposer aussi une remise faite à un débiteur, dont les autres seraient les cautions solidaires : dans ce deuxième cas, le principe «que l'obligation accessoire ne peut exister sans l'obligation principale, » doit faire admettre l'extinction totale de la créance, lors même que le créancier eût réservé tous ses droits contre les cautions solidaires. Toutefois, si la remise n'avait été faite au débiteur principal que pour sa part, et si le créancier ignorait la position respective des

coobligés, la remise ne devrait être que d'une part virile.
(Marc., 1285, 3°; Rod., § 74.)

Terminons tout ce qui concerne la remise de la dette,
en disant que les principes de l'art. 1285 sont applicables à la remise accordée par le créancier d'un com-
merçant qui, en état de cessation de paiement, fait l'a-
bandon amiable de son actif (Aub. et Rau, § 323, p. 206;
Alauzet, C. de C., § 4; Douai, 13 mai 1857). Mais il
faudrait décider, au contraire, qu'au cas où un failli
obtient un concordat, conformément à l'art. 545 du C.
de C., les coobligés ne doivent aucunement profiter de
cette remise forcée (Aub. et Rau, C. de S., 237 *bis*, 1;
Esnault, *des Faill.*, 2, § 441.)

§ IV. — *Du Jugement.*

Le jugement rendu entre le créancier et l'un des
débiteurs solidaires, a-t-il l'autorité de la chose jugée vis-
à-vis de tous? Nous avons déjà recherché quel devait
être l'effet du jugement rendu entre l'un des créanciers
solidaires et le débiteur commun, et, après avoir examiné
les trois systèmes auxquels cette question donne lieu,
nous avons dit que, suivant nous, le jugement devait
avoir un effet absolu vis-à-vis de tous les créanciers, qu'il
soit avantageux ou défavorable.

La même solution doit être donnée sur la question tout
à fait identique que nous avons à résoudre ici. Nous ne
répéterons pas tous les arguments que nous avons fait
valoir à l'appui de notre système; qu'il nous suffise de
dire que, selon nous, il ressort plus ou moins implicite-

ment des articles 1200, 1206, 1207, 2249, etc., qu'il repose sur les principes mêmes qui gouvernent la solidarité et *la chose jugée.*

On a objecté quelquefois que la doctrine que nous proposons est compromettante pour les codébiteurs solidaires. Sans doute, ils pourront être exposés à des dangers, mais ils ne sont pas inévitables, et ils ne sont, du reste, que la conséquence du mandat que se sont donné les codébiteurs solidaires.

On a objecté encore que la chose jugée contre le débiteur principal, n'étant pas opposable à la caution, par le même motif la chose jugée entre l'un des débiteurs solidaires et le créancier ne devait pas être opposable à ses codébiteurs. (Mourlon, § 1630). Quand même cela serait vrai pour la caution, ce qui est contestable, l'on ne saurait en tirer un argument d'analogie pour trancher la question que nous étudions, car les codébiteurs solidaires ne jouent un rôle de cautions que dans leurs rapports respectifs, mais ils sont, vis-à-vis du créancier, des débiteurs principaux, répondant chacun de la totalité de la dette.

Une fois le jugement rendu contre un seul des débiteurs, chacun recouvre le droit d'appel, mais, pour en faire courir le délai, il n'est pas besoin de signifier le jugement individuellement à tous les débiteurs (Talandier, *de l'appel*, n° 262; Laromb., § 22); il faut, au contraire, une signification à chaque codébiteur, lorsque tous les coobligés solidaires figurent dans l'instance, parce que, dans ce cas, leur mise en cause simultanée est en contradiction avec l'idée d'un mandat réciproque.

Mais quelle sera la valeur de l'appel interjeté par ou contre un seul des codébiteurs, quand ils auront été mis tous en cause ? On décide généralement que si le jugement avait été favorable aux débiteurs, l'appel du créancier contre un seul d'entre eux, s'il réussit, ne peut être opposé qu'à ceux des débiteurs qui ont été intimés en appel ; cette décision s'explique par le motif qu'une fois personnellement en cause, les débiteurs ne sont plus censés vouloir être représentés par leurs coobligés. Le jugement a-t-il été, au contraire, défavorable aux codébiteurs, il faut décider que l'appel profitera à tous, lors même qu'il n'aurait été interjeté que par un seul, pourvu d'ailleurs que tous les débiteurs soient dans les délais d'appel (Rod., § 122 ; Laromb., 1208, § 23), car autrement le droit d'appel devient une qualité pour ainsi dire personnelle à ce débiteur, et les autres ne pourraient pas l'invoquer.

Les mêmes solutions devraient être admises à propos du pourvoi en cassation.

Lorsque, parmi les codébiteurs solidaires, les uns auront triomphé en appel vis-à-vis du créancier, tandis que les autres auront acquiescé au jugement, il pourra y avoir lieu entre eux à des recours. Ces recours devront toujours être appréciés suivant les règles générales qui président aux rapports particuliers des codébiteurs entre eux, et au point de vue d'un paiement utilement fait à la décharge des autres.

§ V. — *Du Serment.*

L'art. 1365 décide que le serment déféré ou référé à l'un des débiteurs solidaires, profite à ses codébiteurs,

s'il a été déféré sur la dette et non sur le fait de la solidarité. Les codébiteurs sont, en effet, mandataires les
uns des autres pour améliorer leur position.

Le même article ne s'explique aucunement sur le cas
où le serment a été refusé par le codébiteur auquel on
l'a déféré; mais nous n'hésiterons pas à décider que ce
refus ne pourra préjudicier en rien aux autres débiteurs,
car un débiteur ne peut nuire, par son fait personnel, à
ses mandants; « or, l'espèce de transaction qui résulte,
dit Larombière, du refus de serment de l'un des codébiteurs, a pour principe son fait personnel, elle ne peut,
en conséquence, nuire qu'à lui. » (Laromb., art. 1365,
§ 8; Aub. et Rau, § 298 *ter*; Marc., 1365, § 3.)

Que décider encore, dans le silence du Code, lorsque
l'un des codébiteurs solidaires aura déféré le serment au
créancier commun? En vertu du principe qui a dicté
nos décisions précédentes, nous dirons que, si le créancier prête le serment, ce serment ne nuira qu'au débiteur qui l'aura déféré; tandis que, s'il le refuse, ce refus
profitera à tous les codébiteurs; car, sans doute un débiteur peut bien faire tous les actes qui ont pour but
d'éteindre la dette commune, mais on ne saurait lui
donner le droit de nuire à ses coobligés par un acte aussi
dangereux qu'une délation de serment (Marcadé, art.
1365, § 3).

§ VI. — *De la Transaction.*

Nous avons vu que la transaction, lorsqu'elle est faite
par un seul des créanciers solidaires avec le débiteur

commun, profite aux autres et ne peut pas leur nuire. La transaction produira un effet analogue sur la solidarité passive; faite avec l'un des débiteurs solidaires, elle profitera aux autres, quoiqu'elle ne puisse leur être opposée (Locré, t. 15, p. 434, n° 8; Aub. et Rau, § 421): « Si l'un des débiteurs solidaires est déchargé par la transaction, dit Troplong, cette décharge profite aux autres, car il n'y a qu'une dette, et si elle est une fois éteinte à l'égard des uns, elle est éteinte à l'égard des autres (*Trans.*, § 126).

§ 7. — *De la perte de la chose.*

La perte de la chose due, lorsqu'elle ne résultera de la faute d'aucun des débiteurs, et lorsqu'aucun ne sera en demeure, constituera évidemment un moyen commun de libération (1302). Si la chose n'avait pas péri par cas fortuit, mais par la faute, ou pendant la demeure de tous les codébiteurs, l'obligation subsisterait, il pourrait même y avoir lieu à des dommages-intérêts. Quant à l'hypothèse dans laquelle la chose aurait péri par la faute, ou pendant la demeure de l'un ou de plusieurs des débiteurs seulement, nous renvoyons à ce que nous en avons dit dans la Section deuxième du Chapitre troisième.

§ VIII. — *De la Prescription.*

La prescription forme également une exception conmune, ainsi que nous l'avons vu dans la Section deuxième du Chapitre troisième.

§ IX. — *De la Compensation.*

Jusqu'ici nous avons laissé de côté la compensation et la confusion, afin de poursuivre l'examen des modes d'extinction formant des exceptions communes au profit des codébiteurs solidaires, il est temps d'y arriver.

La compensation éteint de plein droit l'obligation (1290), il semblerait donc qu'elle dût produire sur l'obligation solidaire le même effet que le paiement. Cette déduction sera vraie, si le créancier actionne celui des débiteurs dont il est devenu lui-même le débiteur; mais si le créancier attaque l'un des autres codébiteurs, l'article 1294 décide que ceux-ci ne pourront pas lui opposer la compensation.

Le législateur s'est, dans cet article, éloigné du principe qu'il avait posé dans l'art. 1290, et rapproché de la règle qu'avait posée Papinien, dans la Loi 10, *de duobus reis*, pour les *correi* non *socii* seulement, alors que dans notre Droit les codébiteurs solidaires sont toujours associés (Dem., des *Oblig. solid.*, p. 280). La décision nouvelle que consacre l'art. 1294, a pris place dans notre Code sur l'observation du tribunat, pour empêcher l'immixtion dangereuse de l'un des codébiteurs dans les affaires des autres (Fenet, t. 13, p. 52).

S'il y a contradiction entre les articles 1290 et 1294, le principe posé dans ce dernier article n'en est pas moins conforme aux règles de la solidarité. Chaque débiteur solidaire étant, en effet, débiteur principal à l'égard du créancier, comme s'il était seul débiteur, ne doit pas pouvoir opposer la compensation de ce que le créancier doit à ses codébiteurs (Pothier, § 274); ajoutons que donner à tous les débiteurs le droit d'invoquer la compensation du chef de l'un d'eux, ce serait supprimer toute éventualité quant à la nécessité de faire l'avance, et par conséquent modifier les rapports existant entre les différents codébiteurs.

Mais le débiteur qui ne peut opposer au créancier la compensation de ce qu'il doit à son codébiteur (1294), peut-il du moins l'opposer jusqu'à concurrence de la part de ce codébiteur dans la dette commune? En d'autres termes, la compensation est-elle une exception personnelle ou purement personnelle?

Cette question, qui était controversée dans l'ancien Droit, n'est point encore tranchée aujourd'hui. Domat (*Lois civiles*, 3, p. 1, l. III, art. 8.) était d'avis que, pour éviter des circuits d'actions, il fallait permettre au débiteur assigné d'opposer la compensation du chef de son codébiteur, jusqu'à concurrence de la part contributoire de ce dernier; Pothier reproduisait la même solution, comme plus pratique, puisqu'elle évitait des recours, tout en reconnaissant qu'elle ne reposait pas sur un motif juridique (§ 274). Un grand nombre de jurisconsultes modernes professent aujourd'hui la doctrine de Domat. (Marc., Rod., Laromb., etc.)

La doctrine contraire nous paraît toutefois plus conforme au texte de l'art. 1294 et à l'intention du législateur : « L'opinion de Domat, dit Bugnet, n'est qu'un moyen terme qui ne satisfait pas pleinement; car si la compensation peut être invoquée pour partie, pourquoi pas pour le tout, puisqu'elle équivaut à paiement. » (Bugn. sur Poth., § 274, note 1, p. 129.)

Le système que nous proposons est conforme au texte de la Loi qui ne distingue pas, il est aussi dans son esprit; nous avons vu, en effet, que le motif qui a fait édicter l'art. 1294, a été d'éviter l'immixtion de l'un des codébiteurs dans les affaires des autres; or, ce motif s'oppose à ce que nous admettions la compensation partielle aussi bien que la compensation totale.

Sans doute, dans le système que nous adoptons, il y aura lieu à des recours d'actions, mais ces recours sont, croyons-nous, nécessaires, et les supprimer, comme le font nos adversaires, c'est modifier le droit des différents codébiteurs, dans leurs rapports respectifs, et cela dans un but de célérité : ce n'est point, en effet, la même chose, lorsque Primus et Secundus sont débiteurs solidaires de Tertius pour 1000, et que Tertius devient débiteur de 1000 de Primus, de permettre à Secundus, lorsqu'il sera actionné, d'opposer la compensation pour 500, ou de l'obliger à payer 1000, sauf à se faire rendre 500 par son codébiteur Primus; car, si l'on suppose l'insolvabilité de Primus, Secundus, opposant la compensation, sera payé au détriment de ses autres créanciers, tandis qu'en lui refusant le droit d'opposer la compensation, lors même qu'il ferait saisie-arrêt sur les 500, au moment même où il les compterait à Tertius, il devrait subir sur ces 500 la concurrence, au marc le franc, des autres créanciers de Primus.

La compensation est donc un moyen d'exception purement personnel. (Mourlon, Valette, Col. de Sant., § 142 *bis*, 3; Demang., *des Oblig. solid.*, p. 281; Demol., § 401; Duverg. sur Toul., t. 8, § 577, etc.)

§ X. — *De la Confusion.*

Lorsqu'il y a réunion sur la même personne des qualités incompatibles de créancier et de débiteur solidaire par suite de l'ouverture d'une succession, par exemple (1209), la confusion n'éteint la créance solidaire que pour la part et portion du débiteur qui a succédé au créancier, ou auquel le créancier a succédé; si la réunion sur la même tête des qualités de créancier et de débiteur n'avait lieu que pour partie, pour 1/2, 1/3 par exemple, il y aurait confusion dans une proportion correspondante, c'est-à-dire pour 1/2, 1/3 seulement. (1301 *in fine*).

On pourrait peut-être se demander pourquoi la confusion, que l'art. 1234 classe dans les modes d'extinction des obligations, n'éteint pas l'obligation solidaire comme le ferait un paiement? C'est déjà la question que se posait Paul dans la Loi 71 *de fidejussoribus*; à quoi il répondait : *et puto aditione hereditatis, confusione obligationis eximi personam*, d'où cette maxime : *confusio magis eximit personam debitoris ab obligatione quam extinguit obligationem.* (Pothier, n° 276.) Et en effet, par la confusion, l'obligation n'est point exécutée, c'est au contraire son exécution qui devient impossible; d'où la conséquence que la confusion ne doit avoir d'effet que dans la mesure de l'impossibilité de poursuite qu'elle produit, et ne doit former qu'une exception personnelle.

§ XI. — *De la Nullité ou de la Rescision.*

Lorsque l'engagement est nul ou rescindable, il faut distinguer si la cause de nullité affecte l'obligation elle-même, ou les parties seulement : dans le premier cas, la nullité formera une exception commune ; ainsi, par exemple, pourront être invoqués par tous les codébiteurs la nullité de l'obligation pour défaut de cause, d'objet, des formalités requises, de lésion, etc. S'agit-il, au contraire, d'une cause de nullité personnelle à l'un des engagés, allègue-t-on, par exemple, un vice de consentement, la minorité, l'interdiction, etc., cette exception ne sera que personnelle ; mais faut-il aller jusqu'à décider que cette exception sera purement personnelle ?

Les auteurs sont unanimes à reconnaître ce caractère aux nullités fondées sur l'incapacité des parties, mais les avis sont partagés, au contraire, en ce qui concerne les vices du consentement, et tandis que quelques-uns enseignent que tout débiteur pourrait, sous prétexte qu'il serait privé du recours sur lequel il avait compté en contractant, se prévaloir des nullités fondées sur le vice du consentement de son coobligé, afin de faire réduire l'engagement commun (Rod., § 77 ; Demol., § 388 ; Mourlon, § 1263) ; d'autres, au contraire, pensent que chaque débiteur jouant vis-à-vis du créancier le rôle de débiteur principal, son obligation peut parfaitement subsister indépendamment de celle de ses codébiteurs, et soutiennent que, s'il perd son recours, il ne doit s'en prendre qu'à lui ; car il n'aurait pas dû contracter sans s'assurer que l'engagement de ses coobligés fût valable. (Laromb., art. 1208, § 10 ; C. de Sant., 142 bis 1.)

La première opinion nous semble la plus juridique et la plus équitable ; du moment qu'il est facile, au moyen des registres de l'Etat civil, de connaître l'état des personnes avec lesquelles on contracte, il est juste que l'incapacité d'un débiteur ne puisse pas être invoquée par ses codébiteurs ; mais les vices du consentement d'un débiteur doivent, au contraire, pouvoir être invoqués par ses codébiteurs pour une part virile, lorsqu'ils les ont ignorés en contractant. Leur erreur ayant en effet pu être invincible, l'on peut dire qu'ils invoquent, non point l'exception qui appartient à leur codébiteur, mais une exception qui leur est personnelle, leur propre erreur.

§ XII. — *De la Condition résolutoire.*

La condition résolutoire donnera naissance à un moyen de défense commun, ou à un moyen purement personnel, suivant qu'elle affectera l'obligation de tous les débiteurs, ou seulement celle de l'un d'entre eux.

SECTION QUATRIÈME.

DE LA REMISE DE LA SOLIDARITÉ.

La solidarité, ainsi que nous venons de le voir, cesse lorsque l'obligation, à laquelle elle est attachée, s'éteint. La solidarité n'étant, en effet, qu'une qualité de la dette, doit s'évanouir avec elle.

Mais il peut arriver que la solidarité cesse, sans que l'obligation elle-même soit éteinte : le créancier peut faire remise de la solidarité expressément ou tacitement, soit en faveur de tous les débiteurs, soit en faveur de l'un d'entre eux seulement, « le droit de solidité, qu'a un créancier contre plusieurs débiteurs d'une même dette, dit Pothier, étant un droit établi en sa faveur, il n'est pas douteux que, suivant la maxime : *cuique licet juri in suum favorem introducto renunciare*, un créancier majeur, qui a la libre disposition de ses biens, peut renoncer au droit de solidité, etc. (§ 277.) »

Le cas où la remise a été faite à tous les débiteurs ne peut présenter aucune difficulté ; les rédacteurs du Code n'ont pas même cru utile de dire, tant cela allait de soi, qu'une fois la solidarité remise à tous les débiteurs, ceux-ci ne seraient plus que des débiteurs conjoints.

Si la solidarité a été remise, au contraire, à l'un ou à quelques-uns seulement des débiteurs, il peut se présenter de sérieuses difficultés, pour savoir quelle étendue il faut attribuer à cette remise.

La remise peut être expresse ou tacite.

§ I. — *Remise expresse.*

« La renonciation, disait M. Bigot-Préameneu, doit être prouvée ou littéralement, ou au moins par un fait assez positif pour qu'on ne puisse pas élever un doute raisonnable sur l'intention du créancier. » (Fenet, t. 15, p. 252.)

Aucune expression sacramentelle n'est donc exigée pour la renonciation, pas plus que pour la stipulation de la solidarité, mais les libéralités ne se présumant pas, le doute devra s'interpréter contre les débiteurs.

Aux termes de l'art. 1210, « le créancier, qui consent à la division de la dette à l'égard de l'un des codébiteurs, conserve son action solidaire contre les autres, mais sous la déduction de la part du débiteur qu'il a déchargé de la solidarité. »

La remise de la solidarité n'a donc pas de plein droit, comme la remise de la dette (1285), un effet général. Nous avons dit, à propos de la remise de la dette, combien la théorie de l'art. 1285, empruntée maladroitement à l'*acceptilatio* romaine, était regrettable ; nous n'hésiterons donc pas à reconnaître que la doctrine de l'article 1210 est de beaucoup préférable, car l'abandon d'un droit ne doit pas se présumer s'il est gratuit ; et, s'il est à titre onéreux, il ne doit avoir d'effet qu'entre les parties contractantes (1165).

Lorsqu'il y a remise de la solidarité, il peut arriver que le débiteur, auquel elle est faite, ait payé sa part dans la dette, ou qu'il ait obtenu tout à la fois la remise de sa part dans la dette, et la remise de la solidarité ; dans ce cas, il est évident « que le créancier conserve son action solidaire contre les autres, mais sous la déduction de la part du débiteur qu'il a déchargé de la solidarité (1210). »

On peut aussi prévoir le cas où le créancier ferait remise de la solidarité à un débiteur, sans lui remettre sa part dans la dette, et sans en recevoir le paiement. Plusieurs Jurisconsultes ont pensé que, dans cette hypothèse, la règle finale de l'art. 1210 ne serait plus applicable, et que, par conséquent, le créancier conserverait, sans restriction, son action solidaire contre les autres débiteurs (Aub. et Rau, § 298 *ter*, note 42 ; Laromb., art. 1210, n° 7 ; Dur., t. 11, p. 224). Telle était aussi la doctrine qu'enseignait Pothier (§ 275 et 277), mais tout autre est, à notre avis, la doctrine du Code.

Le texte même absolu de l'art. 1210, et les travaux préparatoires du Code ne nous permettent pas de faire la distinction qu'on prétend établir entre le cas où le débiteur, auquel on remet la solidarité, est complètement libéré, et celui où il reste débiteur de sa part dans la dette. En effet, la rédaction primitive de l'art. 1210 était celle-ci : « Le créancier perd toute action solidaire, lorsqu'il consent à la division de la dette vis-à-vis de l'un des débiteurs. Il en est de même lorsqu'il reçoit divisément la part de l'un des débiteurs, à moins que la quittance ne porte la réserve de la solidarité. » C'était l'art. 112 du projet. Il n'est pas douteux que, dans le premier cas, celui où le créancier consent à la division de la dette, il ne s'agissait pas d'une division consentie moyennant le paiement effectif d'une part de débiteur, puisqu'on ajoutait, comme second cas distinct, celui où le créancier reçoit divisément cette part.

C'est, ainsi rédigé, que l'article fut communiqué officieusement au tribunat, qui demanda que les deux cas, dans lesquels le créancier perd son action solidaire, fussent visés par deux articles différents : « la section est d'avis, lisons-nous dans Fenet, que pour mieux coordonner l'art. 112 (1210 du Code), il parlera du seul cas où le créancier consent à la division de la dette; quant à celui où le créancier reçoit divisément la part de l'un des débiteurs, la disposition y relative sera placée dans l'art. 113 (1211 du Code) (Fenet, t. 13, p. 130 et 132). Le tribunat ne se contenta pas d'exiger cette modification de rédaction, il demanda aussi, ce qu'il obtint, du reste, que, contrairement à ce que décidait le projet, le créancier, qui avait déchargé l'un des codébiteurs de la solidarité, ne perdît pas son action solidaire contre les autres; et il motivait son opinion, en faisant observer que les autres débiteurs ne pouvaient se plaindre de ce que la solidarité était conservée contre eux, puisqu'elle n'était conservée que sous la déduction de la part du débiteur déchargé (Locré, 12, p. 269).

Cette observation du tribunat doit nous donner encore le véritable sens de l'art. 1210; elle eût été, en effet, oiseuse, et n'eût eu aucun sens, si l'art. 1210 n'avait réglé que le cas où la remise de la solidarité était faite moyennant un paiement partiel, car il eût été inutile de dire que le créancier ne peut pas se faire payer deux fois.

Ainsi, loin d'exclure de l'art. 1210 le cas où la solidarité a été remise à un débiteur sans le paiement de sa part dans la dette, il faut admettre que c'est celui que l'article a eu principalement en vue. (Marc., art. 1210; Rod., § 146; C. de Sant., 144 bis, 2, 3 et 4; Demol., § 464, etc.)

Tel est le sens de l'art. 1210. Toutefois, parmi les auteurs qui admettent cette solution, quelques-uns (Marc., Rod.) ne dissimulent pas qu'ils regrettent la décision finale de l'art. 1210, et l'abandon de la théorie de Pothier. D'après eux, le législateur aurait eu tort d'assimiler la remise de la solidarité à la remise de la dette, et de retrancher de la créance totale la part du débiteur déchargé de la solidarité; si, en effet, la remise, faite à un débiteur de sa part dans la dette, entraîne, à l'égard des autres, décharge de cette part, c'est, disent-ils, à cause de l'exception de garantie; c'est parce que le débiteur, auquel remise a été faite, ne profiterait pas de cette libéralité, si l'un de ses codébiteurs était actionné pour le tout, puisque ce dernier pourrait se retourner contre lui, et lui demander le remboursement de la part qu'il avait avancée pour son compte.

Mais, lorsqu'il y a remise de la solidarité, dit-on, les choses se passent autrement; car remettre la solidarité, c'est simplement s'engager à ne pas réclamer à l'un des débiteurs plus que sa part dans la dette; cet engagement n'aurait donc pas été violé si le créancier eût poursuivi pour le tout un débiteur autre que celui auquel la solidarité aurait été remise. Ajoutons que le débiteur poursuivi ne pouvant pas réclamer au débiteur déchargé plus que sa part (1214), ce dernier n'aurait pas eu à se plaindre.

Ce raisonnement paraît, au premier abord, sans réplique; on comprend, en effet, qu'en Droit Romain, dans une législation où le débiteur poursuivi ne pouvait se retourner contre ses codébiteurs que par la cession des actions du créancier, le principe de l'art. 1210 eût sa raison d'être; car décharger un débiteur de la solidarité, et poursuivre les autres pour la dette entière, c'eût été rendre tout recours contre le débiteur déchargé impossible, et porter, par conséquent, atteinte aux droits de ses coobligés. Mais en Droit Français, peut-on dire, où chaque débiteur a *ipso jure* le droit de recours, on eût pu permettre au créancier qui décharge un débiteur de la solidarité, de poursuivre les autres pour l'intégralité de la dette, sans leur porter aucun préjudice?

Nous admettons, avec MM. Rodière et Marcadé, que s'il ne se fût agi que de la question du recours, il eût été parfaitement logique de ne voir dans la remise de la solidarité qu'une convention particulière entre le créancier et l'un des débiteurs, convention sans influence sur les droits des autres. Mais, la question de recours écartée, les principes défendent, dans l'obligation solidaire, au créancier d'améliorer la condition d'un débiteur au détriment des autres, soit directement, soit indirectement; or, tel serait le résultat que produirait la remise de la solidarité faite à un débiteur, si le créancier conservait, après cette remise, son action complète contre les autres; chaque débiteur, en effet, courant le risque d'être obligé de faire l'avance, diminuer leur nombre, c'est augmenter le risque pour ceux auxquels la remise de la solidarité n'est pas faite.

Est-ce à dire que, pour éviter ce danger, le créancier doive s'abstenir de toute remise individuelle de la solidarité? Évidemment non, mais la diminution de la dette doit être comme une compensation de la diminution du nombre des coobligés; de telle sorte que ces derniers n'auront pas à se plaindre, si à mesure que le risque de faire l'avance augmente, la dette s'amoindrit.

Que l'on ne dise pas que la décharge de la solidarité

n'est que l'exercice du droit que confère au créancier l'art. 1205, de s'adresser à celui des débiteurs qu'il veut ; cette décharge, faite avant le commencement des poursuites, n'est que la renonciation du créancier au droit de choisir, elle n'est pas l'exercice de ce droit. (Demol., § 465 ; C. de Sant., t. 5, n° 144 *bis*, 4 ; Mourlon, n° 1275 ; Valette.)

Les motifs que nous venons de faire valoir à l'appui de la solution précédente, doivent nous conduire à décider qu'elle est absolue, et que le créancier ne pourrait même pas, en déchargeant un débiteur de la solidarité, réserver expressément son droit de poursuite intégral contre les autres.

§ II. — *Remise tacite.*

La renonciation à la solidarité, comme toute renonciation à un droit, ne peut pas se présumer ; cependant elle peut, lorsqu'elle n'est pas expresse, résulter de certains actes, ainsi que l'indiquent les art. 1211 et 1212.

Il y a renonciation tacite dans trois cas :

1° Lorsque le créancier reçoit divisément de l'un des débiteurs, sans réserver la solidarité, une somme égale à la portion dont il est tenu dans la dette commune, pourvu que la quittance mentionne expressément que c'est *pour sa part* (1211), sans pourtant que ces expressions soient sacramentelles ;

2° Lorsque le créancier, ayant poursuivi l'un des débiteurs pour sa part, et sans réserver la solidarité, celui-ci a acquiescé à cette demande, ou a été condamné de ce chef. Mais jusqu'à l'acquiescement ou au jugement, le créancier ne sera pas lié, et pourra par conséquent retirer son offre et former une demande pour la dette entière (1211, 3°);

3° Enfin, il y a remise tacite, même pour le capital, lorsque le créancier reçoit d'un débiteur divisément et pour sa part, et sans réserver la solidarité, les arrérages ou intérêts de la dette pendant dix ans (1212); le législateur a pensé que, dans ce cas, l'on pouvait croire qu'il y avait eu une renonciation tacite, ou une renonciation expresse, dont la preuve serait perdue. Cette décision est empruntée à Pothier, qui exigeait toutefois que le paiement divisé des intérêts ou arrérages eût duré trente ans (§ 279, *in fine*).

Si les paiements divisés d'intérêts ou arrérages, n'ont pas été continués pendant dix ans, la solidarité n'est perdue que quant aux intérêts échus et payés (1212).

Pour se conformer à la lettre de l'art. 1212, il faudrait décider que le créancier n'est censé avoir renoncé à la solidarité, que s'il a reçu dix paiements successifs, et si le débiteur représente dix quittances. (Laromb., art. 1212, n° 6.) La disposition du Code n'est pas assez précise, pour l'interpréter aussi rigoureusement; aussi croyons-nous qu'il suffirait d'un certain nombre de quittances successives, et, qu'en tous cas, il vaut mieux, sur cette question, s'en remettre à la sagesse des tribunaux. (Dall., § 1454; Demol.)

Terminons l'étude de la remise tacite de la solidarité, en faisant observer qu'aucun cas de remise ne pourra être présumé, en dehors de ceux que nous venons d'étudier.

CHAPITRE QUATRIÈME

De la Cession d'action.

Il résulte de ce que nous venons de voir, qu'un créancier peut renoncer à la solidarité, vis-à-vis de l'un des débiteurs seulement ; mais qu'arrivera-t-il, si ce créancier abandonne ou laisse perdre quelques-unes de ses sûretés vis-à-vis d'un débiteur, et veut néanmoins agir contre les autres pour la totalité de sa créance ? Le débiteur poursuivi pourra-t-il opposer l'exception de cession d'actions, comme pourrait le faire une caution (2037) ; en d'autres termes, un codébiteur solidaire pourra-t-il, comme une caution invoquer l'art. 2037 ?

Cette question est peut-être l'une des plus controversées de notre matière ; le système qui permet au codébiteur solidaire d'invoquer l'art. 2037, fut d'abord universellement enseigné, mais le système contraire tend aujourd'hui à prévaloir chez les jurisconsultes modernes, et est consacré déjà depuis longtemps par la jurisprudence.

Dans le premier système, on s'appuie d'abord sur l'opinion de Pothier, qui s'exprimait en ces termes : « Il faut dire, à l'égard des débiteurs solidaires, ce que nous avons dit à l'égard des fidéjusseurs. Lorsque plusieurs personnes contractent une obligation solidaire, elles ne s'obligent chacune au total, que dans la confiance qu'elles pourront avoir recours contre les autres, en payant le total. C'est pourquoi, lorsque le créancier, par son fait, les a privés de ce recours, en se mettant hors d'état de pouvoir céder ses actions contre l'une d'elles qu'il a déchargée, il ne doit plus être recevable à agir solidairement contre les autres, si ce n'est sous la déduction des portions pour lesquelles elles auraient eu recours contre celle qu'il a déchargée (§ 557). »

La distinction que fait Pothier plus loin entre le fait positif *in committendo* et le fait négatif *in omittendo*, ne saurait affaiblir l'autorité de sa doctrine.

Dans notre Droit moderne, ajoute-t-on, les raisons données par Pothier ont encore plus de force que dans notre ancien Droit, le Code civil ayant établi le recours des débiteurs solidaires les uns contre les autres, d'une manière plus incontestable et plus énergique qu'il ne l'était autrefois.

Ce système est aussi conforme, dit-on, au principe d'équité qui défend au créancier de changer les rapports respectifs des débiteurs, et d'améliorer la condition de l'un en empirant celle des autres.

Par conséquent, de même que l'art. 1215 oblige le créancier, qui a déchargé un débiteur de la solidarité de supporter une part proportionnelle de l'insolvabilité des débiteurs non déchargés, l'art. 2037 doit empêcher que le créancier puisse priver par sa faute un débiteur de son recours contre ses codébiteurs.

Enfin, on objecte que l'art. 1251 3°, qui établit une subrogation légale au profit de celui qui, étant tenu avec d'autres ou pour d'autres au paiement de la dette, avait intérêt de l'acquitter, impose virtuellement au créancier l'obligation de conserver les sûretés attachées à sa créance.

Tels sont les arguments principaux invoqués par les défenseurs de ce premier système. (Merlin, *Qu. de Droit solid.*, § 8; Mourlon, *de la Subr.*, p. 514; Rod., § 155; Héan, *Revue prat.*, t. 13, p. 29; Zach., § 288, note 40, etc.)

Malgré la force des raisons que nous venons de résumer, nous croyons devoir adopter l'opinion contraire comme plus juridique.

Pour la soutenir, nous n'irons pas jusqu'à prétendre, comme l'a fait M. Troplong (*du Caut.*, § 563), que les débiteurs solidaires ne pourront opposer l'exception *cedendarum actionum*, parce que cette exception provient du bénéfice de discussion, dont ils ne peuvent pas se prévaloir; cette corrélation entre la cession d'actions et le bénéfice de discussion fût-elle établie, ce qui n'est pas, on ne serait pas obligé, dans notre Droit, d'en subir les conséquences, si elles semblent contraires aux principes qui ont inspiré nos législateurs : aussi la Cour de cassation, dans ses nombreux arrêts, n'a-t-elle jamais invoqué cet argument; ce sont d'autres motifs qui justifient ce deuxième système.

Si l'on n'applique pas la déchéance de l'art. 2037 aux codébiteurs solidaires, c'est que l'on trouve la disposition que renferme cet article trop rigoureuse, pour l'étendre par analogie à des personnes qui ne sont point soumises aux règles du cautionnement; cette extension doit, d'ailleurs, être écartée, à raison de la nature différente des engagements, des cautions et des débiteurs solidaires : la caution, ne s'engageant pas pour elle-même, et dans un intérêt personnel, l'on doit penser qu'elle a dû compter, en s'obligeant, sur les sûretés qui garantissaient l'obligation principale, et qu'elle avait l'espoir de pouvoir, au moyen de la subrogation aux droits du créancier, récupérer les sommes dont elle devrait faire l'avance. Le codébiteur solidaire, au contraire, s'engageant par un motif qui, au regard du créancier du moins, doit être réputé intéressé, l'importance plus ou moins grande des garanties données par l'un des débiteurs ne saurait être considérée comme la cause déterminante de l'engagement des autres.

Peut-être nous objectera-t-on que l'art. 1251 3° implique virtuellement pour le créancier l'obligation de conserver les sûretés qui garantissaient le paiement de sa créance? Nous répondrons que la subrogation a bien pour but de dispenser de requérir la cession d'action (*Exp. des motifs*, Locré, 12, p. 37, n° 129), mais autre chose est, pour le créancier, d'être obligé de conserver sa créance, ou d'être obligé de conserver les sûretés accessoires de cette créance; le Droit Romain, il est vrai, admit une exception à ce principe, en faveur du *mandator pecuniæ credendæ* et du *fidejussor indemnitatis*, mais cette exception s'expliquait par les rapports existant entre eux et le créancier; cette exception fut même à tort généralisée plus tard dans notre ancien Droit (Dum., *Tract. de usuris*, quest. 89, n° 680; Poth., *de l'hyp.*, ch. 2, art. 2, § 6). Mais le Code civil nous paraît avoir consacré de nouveau les véritables principes.

Un dernier argument en faveur du système que nous

soutenons, ressort de l'art. 1285. L'art. 2037 ne peut pas s'appliquer aux codébiteurs solidaires, du moment que l'art. 1285 ne prononce une déchéance partielle pour le créancier que dans le cas où il a fait remise de la dette. (Troplong, § 534; Gauthier, *de la Subr.*, n° 505; Laromb., art. 1208, § 4; Aub. et Rau, § 298 *ter*, note 47; Demol., § 498; Massé et Vergé, t. 3, p. 529; Cass., 13 janv. 1851 et 18 févr. 1861.)

La plupart des auteurs et la Jurisprudence s'accordent pour reconnaître que l'art. 2037 pourra être invoqué par les cautions solidaires, comme par les cautions simples, car la caution solidaire, comme la caution simple, s'engage gratuitement pour autrui, et a dû, par conséquent, compter sur les sûretés fournies au créancier par ses codébiteurs. (Merl., Zach., Rod., Gauth., Mourl.)

CHAPITRE CINQUIÈME

De la Solidarité dans les rapports des codébiteurs entre eux.

Dans ses rapports avec le créancier, chaque débiteur solidaire est tenu de la dette entière, comme s'il était seul ; dans leurs rapports entre eux, au contraire, les codébiteurs solidaires ne sont tenus que pour leur part et portion (1213), de telle sorte qu'on peut dire que l'obligation, qui est solidaire dans les rapports du créancier avec les codébiteurs, est simplement conjointe dans les rapports des codébiteurs entre eux.

Tel est le principe ; mais, par des conventions particulières, les codébiteurs pourront répartir inégalement l'obligation sur la tête de chacun d'eux, ou même la faire porter tout entière sur la tête d'un seul (Rod., § 130).

En Droit Romain, le *correus promittendi*, qui payait toute la dette, n'avait aucun recours à exercer de plein droit contre ses *correi* (Loi 62, *Pr. Dig.*, l. xxxv, t. 2) ; exceptionnellement seulement, les *correi* avaient un recours, lorsqu'ils étaient *socii* ou *vice mutuá fidejussores*.

Ce qui était l'exception en Droit Romain, devient la règle en Droit Français, où la société sera toujours présumée exister entre codébiteurs (1213).

Ce recours introduit par l'art. 1213, en faveur du débiteur qui a payé plus que sa part dans la dette commune, provient du paiement qui a été fait de la dette d'autrui; et de ce paiement naît une créance nouvelle qui puise sa cause première dans la disposition de la Loi qui a établi la solidarité. Mais, en envisageant la cause du recours au point de vue pratique, plutôt qu'au point de vue théorique, on peut dire qu'elle est double : le recours naît, dit Pothier, soit du chef du créancier, lorsque le débiteur qui paye s'est fait céder ses actions, car alors il est censé en quelque façon plutôt acheter la créance du créancier, pour le surplus, contre ses codébiteurs, que l'avoir acquittée ; soit du chef même du débiteur, lorsqu'il n'a pas demandé la cession des actions du créancier (§ 280, 281 et 282).

La plupart des Jurisconsultes modernes reproduisent cette distinction, avec cette différence qu'ils mentionnent, comme première cause de recours, non pas la cession d'actions, mais la subrogation légale qui l'a remplacée dans notre Droit (Laromb., 1214, § 7; C. de Sant., § 147 *bis*, 2).

Suivant les circonstances, le débiteur aura avantage à exercer son recours au moyen de la subrogation (1251), ou en vertu du mandat que les débiteurs se sont réciproquement donné (1214 et 2001); s'il y a des débiteurs insolvables, et si l'action du créancier est garantie par des hypothèques, il y aura certainement avantage à exercer le recours en vertu de l'art. 1251 ; mais, si tous les débiteurs sont solvables, et si la créance solidaire n'est pas productive d'intérêts, il n'est pas douteux que le recours exercé en vertu de l'art. 2001 soit préférable, parce qu'il permettra au débiteur qui aura fait des avances, d'en exiger l'intérêt du jour où il les aura faites.

Le plus souvent, le recours qu'exercera le débiteur qui aura payé la dette entière sera d'une part virile contre chacun de ses codébiteurs (1214); il pourra pourtant être différent contre chacun des débiteurs, si la convention a rendu leurs parts contributives inégales; si même il est prouvé que l'opération, de laquelle est résultée la dette solidaire, est intervenue dans l'intérêt exclusif de l'un des débiteurs, les autres auront recours pour le tout contre celui-là : « Si l'affaire, dit en effet l'art. 1216, pour laquelle la dette a été contractée solidairement, ne concernait que l'un des coobligés solidaires, celui-ci serait tenu de toute la dette vis-à-vis des autres codébiteurs, qui ne seraient considérés par rapport à lui que comme ses cautions. »

Il ne faudrait cependant pas assimiler ces codébiteurs à des cautions même solidaires; sans doute, dans leurs rapports avec le débiteur, qui seul aura profité de la somme empruntée, ils seront de véritables cautions; mais, vis-à-vis du créancier, au contraire, ils jouent le rôle de débiteurs principaux, et par suite leur position est toute différente de celle des cautions. Ainsi, un débiteur solidaire n'est considéré comme caution vis-à-vis du créancier, que lorsqu'il s'est engagé en cette qualité; le fait, que la dette aurait été contractée dans l'intérêt exclusif de l'un des débiteurs, ne suffirait pas pour rendre les autres des cautions solidaires; et aucun d'eux ne serait par conséquent admis à prouver, à l'encontre du créancier, pour échapper aux effets ordinaires de la solidarité, qu'en réalité, par rapport à lui, l'acte ne renferme qu'un cautionnement pur et simple; ce n'est qu'entre codébiteurs que cette preuve est admissible.

L'acte 1214, qui ne permet au codébiteur qui a payé la dette solidaire entière, de ne répéter contre ses codébiteurs que les parts et portions de chacun d'eux, n'est-il pas en contradiction avec l'art. 1251, § 3, qui attribue au débiteur, pour garantie de son recours, l'action même du créancier, avec toutes les qualités et les sûretés de la créance? Le débiteur n'aurait-il pas dû avoir, en vertu de la subrogation, le droit d'agir pour le tout contre ses codébiteurs, absolument comme aurait pu le faire le créancier auquel il est subrogé? C'est la réflexion que faisait Pothier : « Il semble, disait-il, que le débiteur, étant par subrogation *procurator in rem suam* du créancier, il peut exercer les actions du créancier solidairement contre chacun des débiteurs, de la même manière que le créancier le pourrait lui-même. Toutefois, il ne doit pas en être ainsi, ajoutait-il; s'il en était ainsi, il se ferait un circuit d'actions, car celui de mes codébiteurs, à qui j'aurais fait payer le total de la créance, ma part déduite, aurait droit en payant d'être pareillement subrogé aux actions du créancier, sous la déduction de la part dont il est lui-même tenu (§ 281). »

Bigot-Préameneu, dans son *Exposé des motifs*, reproduit le raisonnement de Pothier (Locré, p. 386), et le législateur a consacré cette doctrine.

Elle se justifie par l'obligation réciproque de garantie, qui lie les codébiteurs solidaires les uns envers les autres. On peut dire également qu'il est équitable que des codébiteurs, qui sont entre eux dans des rapports d'associés, ne soient pas obligés de se faire des avances, car « *inter socios res amaré tractandæ non sunt.* »

L'explication que nous venons de donner de l'art. 1214, prouve que la subrogation conventionnelle ne pourrait pas avoir plus d'effet que la subrogation légale, car ces deux subrogations sont de même nature.

Quelques auteurs se sont demandé si le débiteur solidaire ne pourrait pas agir contre ses codébiteurs, même avant d'avoir payé; en d'autres termes, si l'art. 2032 doit s'appliquer ici? MM. Larombière (art. 1216, n° 3) et Rodière (§ 131) l'ont pensé, mais telle n'est pas l'opinion qui a paru la plus juridique, car l'art. 1214, qui traite spécialement du recours, exige que la dette ait été payée; pourquoi, du reste, l'art. 2032, qui se trouve au titre du cautionnement, serait-il applicable au cas de solidarité, alors que le cautionnement est de sa nature un acte de bienfaisance, tandis que tout engagement solidaire, au contraire, est un acte intéressé? (Aubry et Rau, § 298 *ter*, note 41; Demol., § 427; Riom, 18 août 1840.)

Le débiteur solidaire n'a donc pas le droit d'agir contre ses codébiteurs avant d'avoir payé la dette; il y aura même des cas dans lesquels, par exception, il ne pourra pas même agir après avoir payé, et dans lesquels tout recours lui sera impossible (1214). Ceci arrivera lorsque le paiement, fait par l'un des débiteurs, n'aura pas opéré la libération des autres : si donc un débiteur, ignorant le paiement qui a déjà eu lieu, a payé une seconde fois, celui qui a payé le premier, et qui ne l'a point averti, n'a pas d'action en indemnité contre lui, il n'a qu'une action en répétition contre le créancier; il faut même aller plus loin, et décider qu'il n'a pas de recours contre les codébiteurs qui n'ont rien payé, alors même qu'il les aurait prévenus; « ce recours appartient exclusivement à celui ou à ceux qui ont payé régulièrement et une deuxième fois, sans avoir été avertis, et quoiqu'ils aient eu soin de prévenir les autres. Autrement, s'ils n'avaient répété que contre le créancier qui a indûment reçu, ils pourraient éprouver un préjudice par suite de la négligence et de l'incurie de leur consort, qui, sans les prévenir, a payé une première fois. » (Laromb.. art. 1214, § 3.)

De même, si un débiteur a payé sans donner avis, il n'a pas de recours contre ceux qui avaient, au moment du paiement, une exception à faire valoir pour obtenir la nullité de l'obligation.

§ II.

Nous venons de voir comment le recours se fait lorsque tous les débiteurs sont solvables.

Mais il peut arriver que l'un ou plusieurs d'entre eux se trouvent insolvables ; dans ce cas, nous dit l'art. 1214, 2°, « la perte qu'occasionne cette insolvabilité, se répartit par contribution entre tous les autres codébiteurs solvables et celui qui a fait le paiement. » Il serait, en effet, contraire à l'équité, que ces insolvabilités restassent à la charge de celui qui a été obligé de faire l'avance de toute la dette ; c'est pourtant ce qui arrivera si l'insolvabilité ne survient que postérieurement au paiement ; car c'est à ce moment que la division de la dette s'opère définitivement entre tous les codébiteurs.

Si l'un des débiteurs a obtenu du créancier une remise de sa part dans la dette, ou la remise de la solidarité, cette convention ne pourra pas nuire aux autres ; d'où la conséquence que, s'il se trouve parmi eux des insolvables , « la portion des insolvables sera contributoirement répartie entre tous les débiteurs, même entre ceux précédemment déchargés de la solidarité par le créancier. » (1215.)

Des auteurs, s'attachant au sens littéral de cet article, ont soutenu que ce serait non pas le créancier, mais le débiteur déchargé de la solidarité, qui supporterait la perte résultant de l'insolvabilité de ses codébiteurs. (Demolombe, § 459; Marc., art. 1215; C. de Sant., § 150 *bis* 1.)

Mais le plus grand nombre croit, au contraire, que, si l'un ou plusieurs débiteurs sont insolvables, la perte résultant de leur insolvabilité, devra être supportée par le créancier lui-même, ainsi que l'enseignait Pothier dans notre ancien Droit (275).

Cette solution semble plus juridique, car elle dérive des principes mêmes de la solidarité. En effet, la répartition des insolvabilités entre les débiteurs étant une des conséquences de la solidarité, quand le créancier renonce à l'action solidaire vis-à-vis de l'un des débiteurs, il doit s'ensuivre naturellement qu'il renonce à tous les effets que peuvent produire la solidarité; s'il veut limiter l'effet de sa renonciation et laisser au débiteur qu'il décharge le risque de l'insolvabilité de ses codébiteurs, il le peut, mais il faut qu'il le déclare expressément : « sinon, soumettre le débiteur déchargé à un recours qui n'a pas été réservé, c'est bien certainement le soumettre à un recours dont il devait se croire affranchi; c'est aller par conséquent contre l'intention qu'ont eue probablement les parties, lors de la décharge, et c'est rendre cette décharge à peu près illusoire. » (Rod. § 138.)

Ces raisonnements suffiraient pour justifier le système que nous avons adopté; mais les conséquences qu'entraîne le système de nos adversaires, dans le cas où tous les codébiteurs, à l'exception de celui qui a été déchargé de la solidarité, se trouvent insolvables, en démontrent encore la fausseté, du moment qu'ils sont obligés d'admettre dans ce cas le droit pour le créancier de demander la totalité de la dette au débiteur déchargé, et de rendre la décharge complètement illusoire. (Laromb., art. 1215, § 2; Rod., § 138; Mourl., § 1278; Aubry et Rau, § 298 *ter*, note 43.)

§ III.

Lorsque les codébiteurs solidaires seront commerçants, les règles, que nous venons d'étudier à propos du recours des débiteurs les uns contre les autres, se trouveront modifiées, s'ils sont en faillite.

Si l'on suppose, en effet, que tous soient en faillite, le créancier, ayant, aux termes de l'art. 542, le droit de figurer dans toutes les masses, jusqu'à parfait paiement, pour la valeur nominale de son titre, le codébiteur solidaire, dont la faillite aura donné un à-compte sur la dette commune, verra, par suite de cet avantage fait au créancier, ses droits pour ainsi dire sacrifiés, et n'aura aucun recours à exercer contre les faillites de ses codébiteurs à raison des dividendes qu'il aura payés (543), si ce n'est lorsque la réunion des dividendes excédera le montant total de la créance.

Cette décision de l'art. 543 est la conséquence de l'abandon du système professé par Dupuys de la Serra,

Pothier, etc., qui permettait au créancier de se présenter successivement dans toutes les faillites en déduisant les dividendes reçus sur la créance totale. En effet, le créancier s'étant présenté dans la deuxième faillite pour la créance entière, si les créanciers du premier débiteur poursuivi pouvaient aussi s'y présenter pour ce qu'ils ont payé au delà de sa part, la créance solidaire figurerait dans la deuxième faillite pour une somme supérieure au capital qu'elle représente.

Nous avons supposé jusqu'ici le cas où tous les débiteurs solidaires sont en faillite ; s'il ne s'est produit qu'une seule faillite, les autres débiteurs ne perdront pas le bénéfice du terme ; s'il y en a un (1188 C. Civil et 444 C. de C.), le failli seul deviendra débiteur immédiat, et le créancier pourra lui demander le paiement de toute les créances, sous la déduction seulement des à-comptes qu'il aurait pu recevoir avant la faillite (544), et comme, dès lors, sa créance ne figurerait plus pour le tout au passif, le débiteur, qui aurait payé les à-comptes, serait admis à faire valoir son recours pour tout ce qu'il aurait payé à la décharge du failli.

CHAPITRE SIXIÈME

Des Cautions solidaires.

Plusieurs fois jusqu'ici nous avons eu occasion de parler du cautionnement solidaire ; nous devons rechercher maintenant en quoi il consiste exactement, et étudier à quelles règles il est soumis.

Il en est question dans deux articles : l'un au titre du cautionnement, l'autre au titre de la solidarité. L'art. 1216, d'une part, dispose que : « si l'affaire pour laquelle la dette a été contractée solidairement ne concernait que l'un des coobligés solidaires, celui-ci serait tenu de toute la dette vis-à-vis des autres codébiteurs, qui ne seraient considérés par rapport à lui que comme ses cautions. » L'art. 2021, d'autre part, dit que la caution solidaire est soumise aux règles établies pour les dettes solidaires.

Il faut avoir garde de confondre les deux espèces prévues par les art. 1216 et 2021. Le cautionnement solidaire, tel qu'il résulte de l'art. 1216, n'existe que dans les rapports des codébiteurs entre eux ; vis à vis du créancier au contraire, les codébiteurs sont tous tenus abso-

lument, comme s'ils étaient des débiteurs principaux ;
le cautionnement solidaire n'existe réellement que lorsque la qualité de caution solidaire résulte clairement de
l'acte d'obligation (2021).

§ II. — Rapports des cautions solidaires
avec les obligés principaux.

Dans les rapports des codébiteurs entre eux, que le
cautionnement solidaire résulte de l'acte, comme le suppose l'art. 2021, ou qu'il résulte seulement de ce que la
dette ne concernait que l'un des coobligés, il ne faut
nullement l'assimiler à l'obligation solidaire. Entre ces
deux contrats, il faut noter plusieurs différences : la
première et la plus importante est celle mentionnée par
l'art. 1216, « que la dette sera supportée tout entière par
l'obligé principal, » et, comme conséquence de ce principe, il faut admettre que les cautions solidaires auront
le droit d'invoquer les art. 2028 jusqu'à 2033 inclusi-
vement ; car elles sont, vis-à-vis du débiteur principal,
de véritables cautions ; ayant les mêmes dangers à courir, elles doivent pouvoir invoquer les mêmes garanties.

§ III. — Des rapports des cautions solidaires
avec le créancier.

Nous avons dit que, vis-à-vis du créancier, le cautionnement solidaire n'existe qu'autant qu'il résulte de

l'acte d'obligation, et que le créancier l'a connu en con-tractant. Mais en quoi précisément la déclaration faite par une caution, qu'elle s'engage solidairement avec le débiteur principal, modifie-t-elle ses rapports avec le créancier? En fait-elle un véritable débiteur solidaire, ainsi que semble le dire l'art. 2021 en ces termes : « l'effet de cet engagement se règle par les principes qui ont été établis pour les dettes solidaires? » Nous ne le pensons pas; sans doute, les divers bénéfices qui ne sont pas de l'essence du cautionnement, ne sauraient être accordés à une caution qui a manifesté l'intention d'être tenue solidairement; aussi elle ne jouira pas des bénéfices des art. 2021 et 2026, c. à d. des bénéfices de discussion et de division (Troplong, § 501; Marc., § 165); mais l'obligation de la caution solidaire, continuant d'être accessoire, ne pourra pas être plus étendue que celle du débiteur principal (2013); elle pourra invoquer le bénéfice de l'art. 2037, car, comme la caution simple, elle s'engage gratuitement, et, comme elle aussi, elle a dû compter, lors de son engagement, sur les sûretés qui accompagnaient la créance principale. Ce serait donc la frustrer que de maintenir son obligation, alors que, par la faute du créancier, la subrogation n'est plus possible.

De même, relativement à l'effet que produiront sur le cautionnement solidaire les différents modes d'extinction des obligations, il ne faut pas complètement assimiler le cautionnement solidaire à la solidarité pure et simple, et s'en tenir au texte de l'art. 2021. C'est ainsi que la remise faite au débiteur principal libérera les cautions solidaires, lors même que le créancier aura réservé tous ses droits contre elle, car l'accessoire ne peut survivre au principal. (Rod. § 74.)

2° Les cautions solidaires pourront aussi invoquer la compensation du chef du débiteur principal. Cette décision tient à ce que, d'après ce que nous avons dit en étudiant spécialement l'art. 1294 3°, c'est l'intérêt du codébiteur solidaire, et non pas celui du créancier, qui a motivé l'interdiction de la compensation. Du moment, en effet, où la caution solidaire n'est pas dans ses rapports avec son coobligé, un débiteur solidaire, mais une caution, il est naturel de lui appliquer la règle qui régit les cautions, c. à d. l'art. 1294 1°(Aub. et Rau, § 423, note 8 ; C. de Sant., § 246 *bis* 4 ; Desjardins, *de la Compens.*, n° 126 ; Rod., § 162). Comme cette solution touche les rapports des cautions solidaires avec leurs codébiteurs, plutôt qu'avec le créancier, il faudrait l'admettre dans le cas où la qualité de caution solidaire ne serait pas connue de ce dernier (1216).

En ce qui concerne l'effet des jugement, transaction, et serment intervenus entre le créancier et le débiteur principal, ou le créancier et la caution solidaire, il existe de notables différences entre la caution solidaire et le débiteur solidaire : sans doute, il faut décider que le jugement intervenu soit en faveur, soit au détriment du débiteur principal, pourra être opposé par le créancier à la caution solidaire, ou invoqué par elle ; il faut aussi assimiler la caution solidaire au débiteur solidaire relativement au serment déféré au débiteur principal, ou à la transaction qui serait intervenue entre le créancier et lui.

Mais si, à l'inverse, toutes ces opérations ont lieu entre le créancier et la caution solidaire, le débiteur principal pourra-t-il s'en prévaloir, et devra-t-il s'y soumettre? Il ne peut y avoir de doute à propos du serment : s'il est prêté par la caution solidaire, il profitera au débiteur principal (1365), et s'il est refusé, il ne pourra lui nuire ; la transaction doit être assimilée au serment, quant à ses effets.

Mais, si nous recherchons, au contraire, les effets du jugement rendu entre le créancier et la caution solidaire, nous trouvons les auteurs divisés. Doit-on rapprocher sur ce point la caution solidaire du débiteur solidaire, ou l'assimiler à la caution ? L'assimile-t-on à la caution, quel effet produira, à l'égard du débiteur principal, la chose jugée entre le créancier et la caution simple ?

Rodière (166), rapportant l'opinion du président Favre, de Bartole et de Merlin (*Ch. jug.*, § 15, n° 5), qui ne reconnaissaient pas la possibilité, pour le débiteur principal, de se prévaloir de la chose jugée avec la caution, si elle lui est favorable, et l'obligation d'en souffrir, si elle lui est nuisible, décide que, si la caution est solidaire, la même règle doit être admise,

Avec la plupart des auteurs, nous pensons, contrairement à l'avis de M. Rodière et des Jurisconsultes qu'il cite, que la caution, lorsqu'elle plaide, a mandat pour se libérer elle-même et libérer le débiteur principal (Loi 42, § 3, *de jurej.*, Troplong, § 449 ; Pont., § 355 ; Ponsot, § 312 ; Dalloz, § 315), et, assimilant la caution solidaire à la caution simple, nous déciderons que le jugement rendu entre elle et le créancier pourra être invoqué par le débiteur principal (Pont., § 355 ; Ponsot, § 312) ; mais nous n'oserions pas prétendre, comme le font MM. Troplong et Proudhon, que le jugement favorable ou défavorable rendu entre la caution solidaire et le créancier pourrait profiter ou nuire au débiteur principal, comme pourrait profiter ou nuire à un débiteur solidaire le jugement rendu entre son codébiteur et le créancier (Proudhon, *Usuf.*, t. 3, n° 1325).

Si l'on suppose un acte interruptif de prescription fait à l'encontre d'une caution solidaire, il faut encore assimiler, pour l'effet qu'elle produira, la caution solidaire à la caution simple (Aubry et Rau, § 428; Pont., § 355).

Enfin, comme la caution simple, la caution solidaire peut opposer au créancier, comme entachant l'obligation de nullité, les vices du consentement du débiteur principal; l'art. 2012 permet, en effet, de penser que les expressions purement personnelles n'ont pas dans l'art. 2036 le même sens que dans l'art. 1208 (Aubr. et Rau, § 496, note 17; Troplong, § 495; Poth., § 581; *Contrà* Pont., § 387).

CHAPITRE SEPTIÈME

De la Solidarité légale.

Il résulte de l'art. 1202 que la solidarité passive n'est pas seulement conventionnelle, elle peut aussi être légale.

Nous allons rechercher quels sont les cas dans lesquels la solidarité peut exister de plein droit.

SECTION PREMIÈRE.

DES DIFÉRENTS CAS DE SOLIDARITÉ LÉGALE EN DROIT CIVIL.

§ I.

Les art. 395 et 396 déclarent : le 1er, la mère tutrice, qui s'est remariée sans convoquer le conseil de famille, et son nouveau mari, responsables solidairement de tou-

tes les suites de la tutelle indûment conservée; le 2e, la
mère remariée, à laquelle le conseil de famille a conservé la tutelle, et son second mari, solidairement responsables de la gestion postérieure au mariage.

Les termes peu précis de l'art. 395 permettent de se
demander si par ces expressions : « les suites de la tutelle
indûment conservée », le législateur a entendu parler
même de la gestion de la femme antérieure au mariage.
Tel était le Droit, sur ce point, à Rome et dans notre
ancienne Jurisprudence, et c'est ainsi qu'ont expliqué
notre article beaucoup d'auteurs modernes. Toutefois,
dans ces derniers temps, MM. Demolombe (t. 7, n° 127)
et Rodière (§ 185), frappés de l'injustice qu'il y avait
à rendre le mari responsable d'actes qu'il n'avait pas pu
empêcher, ont été conduits à rechercher si la doctrine
générale ne reposait pas plutôt sur des précédents historiques que sur les travaux préparatoires du Code. Or, en
s'y reportant, on trouve précisément que le texte primitif portait : « à défaut de cette convocation, elle perdra
la tutelle de plein droit, et son nouveau mari sera solidairement responsable de l'induc gestion qui aura eu
lieu depuis le nouveau mariage. »

Le tribunat fit observer que, d'après ces termes, le
mari semblerait n'être responsable que de l'induc gestion, et il demanda que l'on exprimât que sa responsabilité s'étendrait aussi au défaut de gestion. Dans la
modification de rédaction qui eut lieu, les mots « depuis
le nouveau mariage, » disparurent, mais rien n'indique
que ce n'est point par oubli que cette omission a été
faite, et l'on ne comprendrait pas, au surplus, qu'un
système nouveau eût été introduit ainsi subreptice-
ment.

Il serait impossible, du reste, comme le remarque M. Rodière, de considérer comme une suite de la tutelle les actes qui ont précédé cette indue conservation.

Ce dernier système nous paraît reposer sur des arguments sérieux ; il a, de plus, l'avantage d'être parfaitement équitable ; aussi nous y rallierons-nous, bien qu'il ne soit encore adopté que par un très-petit nombre de Jurisconsultes.

§ II.

L'art. 1033 décide que : « s'il y a plusieurs exécuteurs testamentaires qui aient accepté, un seul pourra agir au défaut des autres ; et ils seront solidairement responsables du compte du mobilier qui leur a été confié, à moins que le testateur n'ait divisé leurs fonctions, et que chacun d'eux ne se soit renfermé dans celle qui lui était attribuée. »

Cette exception aux règles ordinaires du mandat se comprend, si l'on considère que l'exécuteur testamentaire n'est pas choisi par celui dont il administre les biens, et qu'il y a impossibilité pour les héritiers de le révoquer ; aussi doit-on la restreindre au cas où la saisine du mobilier a été donnée aux exécuteurs testamentaires par le défunt lui-même.

De ce que les exécuteurs testamentaires sont solidairement responsables du compte du mobilier qui leur a été confié, il ne s'ensuit pas qu'ils soient aussi responsables solidairement des faits relatifs à leurs fonctions ; chacun pouvant agir seul et sans le concours des autres, ne répond que de son fait.

§ III.

Le subrogé-tuteur, indépendamment des cas de responsabilité générale et des cas particuliers indiqués par les art. 424 et 2137, est tenu solidairement, avec l'époux survivant, aux termes de l'art. 1442, de toutes les condamnations qui peuvent être prononcées au profit des mineurs, à cause du défaut d'inventaire de la communauté.

En édictant ainsi une peine contre le subrogé-tuteur, le législateur a eu pour but d'assurer plus efficacement l'exécution de l'obligation, qui incombe à l'époux survivant, de faire faire l'inventaire de la communauté.

L'inexécution de cette obligation entraînait autrefois des conséquences diverses. Dans les coutumes de Paris et d'Orléans, si l'époux survivant avait négligé l'inventaire, les enfants mineurs avaient le droit de choisir, à leur majorité, entre la continuation de la communauté jusqu'au jour de leur demande en partage, ou sa dissolution du jour du décès de l'un des époux. Le Code, laissant de côté cette sanction dangereuse et illogique, emploie d'autres moyens pour contraindre l'époux à faire inventaire ; s'il est négligent, et s'il est en faute, ce que les juges apprécieront, la preuve de l'actif pourra être faite contre lui, tant par titres que par commune renommée, et il perdra la jouissance légale des revenus de ses enfants mineurs ; de plus, en édictant l'art. 1442, le législateur a mis à côté de l'époux survivant le subrogé-tuteur, en l'intéressant à sauvegarder les intérêts des mineurs.

§ IV.

S'il y a plusieurs locataires dans une même maison, dit l'art. 1734, « tous sont solidairement responsables de l'incendie, » parce qu'ils sont tous présumés coupables de l'imprudence qui l'a occasionné. Ils n'échappent à cette responsabilité qu'en détruisant la présomption de faute qui pèse sur eux, ce qui arrive dans trois cas : 1° lorsqu'ils prouvent que l'incendie a commencé dans l'habitation de l'un d'eux, auquel cas celui-là seul est tenu ; 2° lorsque quelques-uns prouvent que l'incendie n'a pu commencer chez eux, auquel cas ceux-là ne sont pas tenus (1734) ; 3° enfin, lorsqu'il est prouvé que « l'incendie est arrivé par cas fortuit, force majeure ou vice de construction, ou que le feu a été communiqué par une maison voisine (1733), » auquel cas tous sont libérés.

Ce dernier article a soulevé plusieurs objections : on s'est demandé tout d'abord s'il était limitatif, et si les locataires seraient admis, pour se libérer de toute responsabilité, à exciper de circonstances autres que celles indiquées par l'art. 1733, lorsqu'elles tendraient à écarter toute faute de leur part. Quelques auteurs ne l'ont pas pensé, et se sont appuyés, pour justifier leur opinion, sur le texte restrictif de cet article. (Marc., Aubr. et Rau, § 362, note 22 ; Mass. et Verg., t. 4, § 702 ; Merger, *Revue prat.*, 1860.) Nous ne pouvons partager ce sentiment; il n'est pas nécessaire que la preuve directe et positive du cas fortuit, de la force majeure ou du vice de construction soit faite, pour être à l'abri de la responsabilité solidaire, il suffit que les locataires prouvent l'impossibilité ou l'invraisemblance de leur faute, par leur absence par exemple et celle de leur famille, le jour de l'incendie et les jours qui l'ont précédé. Le texte de l'art. 1733 n'est pas assez catégorique pour prévaloir contre les principes généraux. (Dall., § 378; Duverg., t. 3, n° 425; Troplong, n° 382; Proudhon, *Usufr.*, t. 4, § 1552; Bord., 18 mai 1865; Rod., § 203; Carles, à son Cours.) On a prétendu aussi que la disposition de l'art. 1733 était dérogatoire au Droit commun, en ce qu'elle établit contre les locataires une présomption de faute, tandis qu'en règle générale la faute ne doit pas se présumer (Duverg., 3, § 408); mais c'est là une erreur qui vient d'une fausse interprétation de la position du locataire vis-à-vis du propriétaire : en louant, le preneur prend l'engagement de restituer la maison dans l'état où il l'a prise; c'est donc à lui, lorsque l'incendie le met dans l'impossibilité de rendre les lieux loués, de prouver que cet incendie s'est produit sans qu'il y ait aucune faute de sa part. L'art. 1733 n'est donc, lorsqu'on y réfléchit, que l'application du Droit commun.

La conséquence de ceci, est que le locataire n'est responsable de l'incendie que vis-à-vis du propriétaire envers lequel il a contracté l'engagement de veiller à la conservation des lieux loués; envers toute autre personne qui aurait à se plaindre de l'incendie, telles que des voisins, il ne serait responsable que conformément à l'art. 1382, lorsqu'on aurait prouvé sa négligence ou son imprudence.

Lorsque le propriétaire lui-même habitait la maison où l'incendie a éclaté, a-t-il néanmoins le droit d'exercer contre les locataires l'action que lui ouvre l'art. 1734, lorsqu'on est dans l'incertitude complète sur l'endroit où le feu a commencé? Quelques auteurs l'ont pensé (Rod., § 204; Agnel, n° 347), mais telle n'est pas l'opinion qui a prévalu. Presque tous les auteurs (Marc., Aubry et Rau, Massé et Vergé, Perrin et Rendu, *Dict. des Construc.*, et la *Jurisprud. Cass.*, 20 nov. 1855), pensent que les locataires étant, dans ce cas, soumis à la présomption des art. 1733 et 1734, mais, la même présomption militant contre le propriétaire, les effets de cette double présomption se neutralisent.

Une dernière question sur l'art. 1734, celle de savoir dans quelle proportion les locataires contribueront entre eux à la réparation du dommage, a été l'objet de vives controverses. Parmi les auteurs, un certain nombre soutient qu'ils seront tenus *pro virili parte* (Marc., sur l'art. 1734, n° 4; Mass. et Verg., t. 4, § 702; Agnel, n° 551); mais il en est d'autres, et leur opinion nous semble plus conforme à l'équité, qui pensent que l'obligation solidaire, dont sont tenus les colocataires, se divise entre eux proportionnellement au loyer de chacun; les chances d'incendie sont, en effet, d'autant plus grandes, que l'on occupe un espace plus étendu.

Le système contraire entraînerait cette conséquence singulière qu'il dépendrait du propriétaire, pendant la durée du bail d'un locataire, d'augmenter ou de diminuer le risque qu'il court, en changeant la distribution des appartements voisins (Carles, à son Cours; Aubr. et Rau, § 367, note 24; Allain, *Manuel du J. de paix*, § 1306; Rod., Dall., § 408).

§ V.

Dans le cas de prêt à usage, « ceux qui empruntent conjointement la même chose, sont solidairement responsables envers le prêteur (1887). »

Cette disposition est empruntée à la Loi 5, § 15, *commodati*; elle se justifie, si l'on songe que le commodat est tout à l'avantage des commodataires. Aussi le législateur n'a-t-il pas cru devoir établir par réciprocité la solidarité entre les prêteurs, pour ce qui regarde leurs obligations envers les emprunteurs, dans le cas, par exemple, où ils auraient été tenus de faire des dépenses extraordinaires pour la conservation de la chose (1890).

La disposition de l'art. 1887 ne doit pas être étendue au dépôt, car la chose n'est pas remise aux dépositaires comme aux mandataires dans leur intérêt, mais bien dans celui du déposant.

§ VI.

« Lorsque plusieurs personnes ont constitué un mandataire pour une affaire commune, chacune d'elles est tenue solidairement envers lui de tous les effets du mandat (2002), » c'est-à-dire soit des avances et frais du mandataire, soit de son salaire.

L'article exige donc, pour que la solidarité existe, deux conditions : 1° que le mandataire ait été constitué par plusieurs; 2° que l'affaire leur soit commune.

La solidarité étant de droit étroit, on ne peut l'étendre par analogie à un cas pour lequel la Loi ne l'établit pas. Ainsi, le *negotiorum gestor* ne pourra agir contre les personnes dont il aura géré les affaires qu'en divisant son action contre chacune d'elles.

A Rome, la solidarité existait aussi bien entre mandataires qu'entre mandants ; il en était de même, suivant Pothier, dans notre ancien Droit. (*Du Mandat*, n° 63.)

Une théorie différente a été admise par les rédacteurs du Code civil dans l'art. 1995 ; ils exigent, pour que la solidarité existe entre mandataires, qu'elle ait été établie formellement. Toutefois, dans certaines circonstances, les mandataires pourront être tenus pour le tout. Lorsque, par exemple, ils auront commis de concert un délit envers le mandant, et qu'ils seront condamnés à des dommages-intérêts en vertu de l'art. 55 du C. Pénal, ils les devront solidairement. Nous trouvons aussi une exception formelle à l'art. 1995 dans l'art. 1033, mais cette exception s'explique par le mandat tout particulier qui est donné aux exécuteurs testamentaires.

La différence que le législateur a faite dans les art. 1995 et 2002 entre les mandants et les mandataires a, d'ailleurs, sa raison d'être. S'il est juste que les mandants qui reçoivent un service soient tenus solidairement envers les mandataires qui le leur rendent, il serait trop dur, au contraire, d'imposer une responsabilité solidaire à des personnes qui se chargent d'un mandat, et qui, au lieu de recevoir un service, en rendent le plus souvent un gratuit.

« S'il est juste, disait-on dans l'exposé des motifs, que dans un acte de cette nature, celui qui rend le service ait une action solidaire contre ceux qui tirent d'un mandat un profit commun, il serait injuste de le charger envers ceux-ci du fait d'autrui sans une convention expresse. »

L'art. 2002 s'applique au mandat salarié, comme au mandat gratuit, car la Loi ne fait pas de distinction ; les motifs qui ont fait établir cette solidarité, quoique moins graves pour le mandat salarié que pour le mandat gratuit, subsistent, en effet, encore dans une certaine mesure, car, bien que rétribué par un honoraire, le mandataire ne reçoit jamais une rémunération calculée exactement sur le service qu'il rend. (Troplong, n° 688 ; Rod., § 216.)

Ainsi, faut-il décider que le notaire a une action solidaire contre les parties qui l'ont chargé conjointement d'une opération, pour obtenir le paiement de ses honoraires et déboursés. Sa qualité de magistrat ne peut pas faire disparaître le véritable caractère de ses fonctions, qui est d'être le mandataire des parties. (Cass., 24 juin 1840 ; Demol., § 258 ; Rod., § 222 ; Troplong, n° 17.)

La même action solidaire peut être exercée par les avoués, les huissiers, les liquidateurs de société, les arbitres et les experts nommés en justice, contre les parties qui ont eu recours conjointement à leur ministère pour une affaire commune.

Quant aux experts cependant, quelques auteurs, s'appuyant sur l'art. 319 du C. de Procédure, ont voulu leur refuser l'action solidaire contre les parties qui n'auraient ni requis, ni poursuivi l'expertise, et qui n'auraient pas non plus acquiescé au jugement par lequel elle aurait été ordonnée (Rod. § 225 ; Pigeau, Proc., t. 1, p. 574).

Il faut exclure une pareille distinction et décider que, même dans ce cas, la solidarité existe, par ce motif que les parties qui plaident sont censées, en engageant l'instance, avoir donné aux juges le pouvoir d'ordonner toutes les mesures d'instruction propres à éclairer leur conscience. Quant à l'art. 319, il ne contient qu'une mesure d'expédient et ne touche nullement le fond du Droit (Laromb. art. 1202, § 15; Demol. § 264; Chauveau sur Carré, Quest. 1807).

Mais aucune action solidaire n'est donnée aux syndics contre les créanciers, parce qu'ils représentent la masse de la faillite, être moral, et non pas les créanciers individuellement. (Cass., 23 mai 1837 ; Laromb., § 14.)

SECTION DEUXIÈME.

DE LA SOLIDARITÉ EN MATIÈRE COMMERCIALE.

§ I.

Le Code de Commerce, comme le Code Civil, contient plusieurs cas de solidarité légale que nous devrons étudier. Mais demandons-nous auparavant, si en Droit commercial, contrairement à ce qui a lieu en Droit civil, la solidarité ne devra pas souvent se présumer en dehors des cas dans lesquels la convention des parties et la Loi l'établissent formellement?

Quelques auteurs ont cru voir dans l'art. 1202 une règle absolue à laquelle un texte précis du Code de Commerce permettrait seul de déroger. (Massé, t. 5, n°

8 ; Rolland de Villargues, n° 39 ; Bugn., sur Poth., § 265, note 2.)

D'autres auteurs pensent, avec raison croyons-nous, qu'il n'est pas besoin d'un texte exprès en Droit commercial pour déroger à la Loi civile ; l'usage, qui a force de Loi dans le commerce, suffirait, ainsi que cela résulte de l'art. 12 de la Loi de promulgation du Code de Commerce (15 sept. 1807) et des art. 1873 et 2102. Or, il est incontestable que dans notre ancien Droit la solidarité existait *ipso jure* en matière de sociétés, et l'on présumait facilement une société, et par conséquent la solidarité, entre négociants faisant des achats en commun : c'est en effet ce qu'enseignent Denizart (*Solid.*, 4), Jousse et Savary, sur l'ord. de 1673, et Pothier, au titre *des Oblig.*, § 265 : « deux marchands, dit-il, qui achètent ensemble une partie de marchandises, quoiqu'ils n'aient d'ailleurs aucune société entre eux, sont censés associés pour cet achat, et, comme tels, ils sont obligés solidairement, quoique la solidité ne soit pas exprimée.» Il faudrait donc, pour décider que la règle de l'art. 1202 est absolue, que les usages n'aient plus force de Loi, et nous trouvons au contraire dans les travaux préparatoires du Code, lors de la rédaction de l'art. 1202, que l'intention du législateur fut de réserver les usages, et de ne point abroger la présomption de solidarité que l'intérêt du commerce avait fait admettre jusqu'alors dans plusieurs matières commerciales (Pard. 6° éd., t. 1, n° 182 ; Fremery, *Et. de dr. c.*, p. 21 ; Delam. et Lepoit. *Contr. de commiss.*, t. 2, p. 472 ; Rod., § 232). En conséquence, il faudra admettre la solidarité dans les cas où il était d'usage de l'admettre autrefois, lorsqu'aucun texte n'aura détruit cet usage ; et l'on devra décider notamment que dans la société en participation, si tous les associés ont contracté en même temps, ils sont tenus solidairement envers les tiers (47 et 48). (M. Laurin, à son Cours.)

§ 11.

L'art. 22 est le premier article du Code de commerce qui établisse expressément la solidarité; « il rend les associés en nom collectif solidaires pour tous les engagements de la société, encore qu'un seul associé ait signé, pourvu que ce soit sous la raison sociale. »

Toutefois, les statuts peuvent avoir réservé le droit de gérer à certains associés; dans ce cas ceux-là seuls pourront engager les autres solidairement; et ceux-ci offriraient-ils de prouver que le gérant a abusé de son mandat, ils n'échapperaient pas à la solidarité, parce qu'ils auraient à se reprocher d'avoir mis légèrement leur confiance en des personnes qui ne la méritaient pas. (Poth., *Soc.*, n° 101 ; Rod., § 249.) La présomption contenue dans l'art. 22, que tout associé ayant la signature sociale contracte pour le compte de la société, est donc absolue et n'admet pas la preuve contraire.

Les actes faits par les associés, qui n'avaient pas le droit de gérer, ne peuvent, au contraire, engager les autres solidairement, qu'autant qu'ils auront été ratifiés, ou qu'ils auront été avantageux, auquel cas on pourra les opposer jusqu'à concurrence du profit qu'ils procureront à la société.

La règle de l'art. 22 est de l'essence de la société en nom collectif; c'est vainement que les associés auraient

déclaré dans l'acte social qu'ils ne seraient pas solidaires : une pareille clause serait nulle, quand bien
même elle aurait été publiée. (Pard., t. 4, n° 1022,
Brav.)

Toutefois, il faut admettre, avec M. Delangle (*Soc.*,
t. 1, § 229), qu'il pourrait être dérogé à la solidarité
dans un engagement particulier, le créancier pouvant
toujours renoncer au bénéfice de la Loi. (Rod., § 252;
Bord., 31 août 1831.)

L'obligation solidaire, à laquelle sont tenus les associés en nom collectif, peut paraître peu conciliable avec
la personnalité même de cette société; le fonds social
seul aurait dû, semble-t-il, répondre des dettes. Aussi
a-t-on quelquefois pensé concilier l'obligation solidaire
des associés avec la personnalité de la société, en disant
que, solidaires entre eux, les associés ne sont que les
cautions de la société, et peuvent, en invoquant le bénéfice de discussion, forcer les créanciers à se faire
payer sur le fonds social, avant de recourir contre eux.

Tout ingénieux qu'il soit, ce système n'est pas celui
de la Loi : partant de cette idée que la garantie réelle
n'est rien ici, le législateur a fait pour le paiement des
dettes abstraction complète de la personnalité de la société; et voyant dans la société en nom collectif, comme
dans la société civile, avant tout une société de personnes, il a obligé tous les associés directement et solidairement au paiement du passif. (M. Laurin, à son
Cours.)

Dans la commandite, les commandités seuls sont tenus des dettes solidairement, les commanditaires ne
sont tenus que jusqu'à concurrence de leurs apports;
toutefois, s'ils font des actes de gestion (27), ils peuvent,

— 208 —

suivant le nombre ou la gravité de ces actes, être décla-
rés par les tribunaux solidairement obligés pour tous les
engagements de la société, ou pour quelques-uns seulement (28 ainsi modifié par la Loi du 6 mai 1863).

Si la commandite est par actions, les gérants sont
toujours tenus *in infinitum* et solidairement, ce qui est
dur si l'on songe qu'ils ne sont pas maîtres absolus dans
leur gestion, du moment où ils sont révocables. Mais
les membres du conseil de surveillance, depuis la Loi du
24 juillet 1867, contrairement à ce qui avait lieu sous
la législation de 1856, où ils étaient tenus de leurs fautes
solidairement comme les cotuteurs à Rome, ne seront
responsables que de leur faute personnelle, et, si tous
sont coupables d'avoir causé le même dommage à la société, ils ne sont tenus que conjointement de le réparer
(art. 6); il faudrait, pour que leur faute entraînât une
responsabilité solidaire, qu'elle constituât un délit (55
Cod. Pénal).

Dans la société anonyme, nous trouvons aussi des
cas de solidarité : 1° l'art. 42 de la Loi de 1867 déclare
responsables solidairement de la nullité prononcée aux
termes de l'art. 41, les fondateurs auxquels cette nullité
est imputable, et les administrateurs en fonction au
moment où elle est encourue, c'est-à-dire nommés par les
statuts conformément à l'art. 24; la même responsabilité
solidaire pourra aussi être prononcée contre les associés
dont les apports ou avantages n'auraient pas été vérifiés
ou approuvés conformément à l'art. 24.

L'art. 44, qui règle l'étendue de la responsabilité des
administrateurs dans leur gestion, peut paraître ambigu.
Il faut, croyons-nous, l'interpréter en ce sens qu'ils
seront responsables, conjointement seulement, des fautes

qu'ils auront commises dans leur administration, car la solidarité ne se présume pas entre co-mandataires; leur responsabilité ne deviendra solidaire, que si leurs fautes constituent des délits. (55 C. P.)

L'art. 43, qui règle la responsabilité des commissaires de surveillance, les assimile à de simples mandataires; ils ne seront donc tenus que conjointement.

Reste l'association en participation, dont nous avons parlé plus haut. Nous ne reviendrons pas sur les motifs qui nous ont fait décider que les associés en participation seront tenus solidairement.

§ III.

Quelques auteurs, en vertu du principe général que nous avons établi de la non application de l'art. 1202 aux matières commerciales, soutiennent que la solidarité existe de plein droit entre commissionnaires (Del. et Lepoit, t. 2, n° 253; Tropl., *Mandat*, § 497; Gouget et Merget (*Solid.*). Nous n'osons pas adopter l'opinion de ces auteurs, car la question revient ici à savoir, ou bien si la solidarité était d'usage entre commissionnaires, ce qui est excessivement douteux (Pard., n° 181; Massé, t. 3, n° 19; Dall. § 83); ou bien encore, cette question n'étant pas prouvée, si la solidarité existait de droit en matière commerciale, en dehors de toute idée d'associa-tion. Tel est l'avis de quelques auteurs, mais tel n'est point le nôtre, car il semble résulter de l'observation de Bacquet, sur un arrêt du Parlement de Paris, du 19 juil-let 1590 (*Traité des Droits de justice*, ch. 21, n° 248), d'un arrêt d'avril 1557, cité par Toubeau, de Barthole, sur la Loi 9 *de duobus reis*, que la solidarité n'existait entre commerçants, qu'autant qu'il y avait entre eux société, ce qui se présumait d'ailleurs facilement (Dall., Massé, Pard., Denis, *v. Solid.,* n° 4).

§ IV.

Aux termes de l'art. 118, d'une part le tireur et les endosseurs d'une lettre de change, sont garants solidaires de l'acceptation et du paiement à l'échéance; d'autre part, l'art. 140 décide que « tous ceux qui ont signé, accepté ou endossé une lettre de change, sont tenus de la garantie solidaire envers le porteur. »

« Le donneur d'aval est aussi tenu solidairement et par les mêmes voies que les tireurs et endosseurs, sauf les conventions différentes des parties. (142). »

La solidarité prononcée entre les différents signataires d'une lettre de change, est très-utile au crédit public; elle est, du reste, basée sur un principe d'équité. Il est juste que l'accepteur accomplisse dans ses dernières limites l'engagement qu'il a contracté de payer la lettre de change; il est juste aussi que le tireur et les endosseurs fassent valoir la lettre de change, dont ils ont touché le prix. Toutefois, le tireur, pourvu qu'il ait fait provision, et les endosseurs, ne sont, par dérogation à l'art. 1206, exposés à un recours solidaire de la part du porteur, qu'autant qu'il y a eu un protêt à l'échéance, qui a été dénoncé, et que la citation en garantie a été donnée à chacun des obligés dans les délais fixés par les art. 162 et suivants du C. de Commerce.

Les dispositions qui précèdent (140, etc.) doivent

être étendues, par analogie, aux billets à ordre (187), au warrant (Loi du 28 mai 1858, art. 9), et au chèque (Loi du 14 juin 1865, art. 4).

SECTION TROISIÈME.

DE LA SOLIDARITÉ EN MATIÈRE CRIMINELLE.

« Tous les individus condamnés pour un même crime ou un même délit, seront, aux termes de l'art. 55 (C. P.), tenus solidairement des amendes, des restitutions, des dommages-intérêts et des frais. »

La solidarité que la Loi prononce entre les codélinquants pour les restitutions, dommages-intérêts et frais, se justifie parfaitement; étant associés pour le même fait, il est juste que la Loi les associe pour la réparation du tort qu'ils ont causé.

La décision de l'art. 55, en ce qui touche les amendes, ne peut, au contraire, s'expliquer logiquement (Bugn. sur Poth., § 268, note 1); l'amende, qui est une peine, aurait dû être personnelle; c'est sans doute dans un intérêt fiscal que le législateur en a décidé autrement.

La solidarité est indépendante de l'inégalité des peines auxquelles les délinquants sont condamnés; mais, contrairement à ce que soutient M. Demolombe (§ 267), la solidarité n'existerait pas entre ceux qui seraient condamnés et ceux qui, étant absous au point de vue pénal, seraient condamnés à des réparations civiles, car ces derniers ne seraient pas condamnés en vertu de l'art. 55 du C. Pén., mais en vertu de l'art. 1382.

La solidarité est encore indépendante de la juridiction qui la prononce (art. 336 et 191 du C. d'Instr. crim. (Laromb., § 20 sur l'art. 1202); mais il est toutefois nécessaire que la condamnation soit simultanée, car il est impossible d'admettre que la condition d'un condamné puisse être aggravée après son jugement, par la condamnation postérieure de ses complices (Chauveau et Faustin, 4ᵉ édit., § 90; Carnot, art. 55, § 10; Bourguignon, Rod., § 313).

En règle générale, le montant de la condamnation solidaire se divise entre les délinquants par portions viriles (Poth., § 264); il faut admettre cependant que les tribunaux peuvent répartir inégalement les dommages-intérêts, s'ils trouvent dans les circonstances de la cause les bases d'une répartition plus équitable (Rod., § 315; Laromb., § 21; Demol., § 268).

Contrairement à la Loi du 22 juillet 1791, titre 2, art. 42, qui déclarait expressément solidaires entre les complices les amendes de police correctionnelle et municipale, l'art. 55 ne parle que des condamnations pour crime ou délit, d'où il faut conclure que la solidarité n'existe pas quant aux amendes entre les coauteurs d'une même contravention, car l'art. 55 ne peut pas être étendu par analogie, d'autant plus qu'il est placé dans un Chapitre qui est intitulé: « Des peines et des autres condamnations pour crimes ou délits. »

L'art. 156 du décret du 18 juin 1811, sur le tarif, prononce, au contraire, la solidarité quant aux dépens, contre tous les auteurs ou complices du même fait, qu'il s'agisse d'un crime, d'un délit ou d'une contravention.

Il n'est question des dommages-intérêts dus en matière de simple contravention, ni dans l'art. 55, ni dans aucune Loi spéciale, d'où il faut conclure que, s'ils sont dus par plusieurs, ils ne seront point exigibles contre tous solidairement, mais seulement *in solidum*, en vertu de l'art. 1382.

En règle générale, dans notre Droit, le débiteur solidaire qui paye toute la dette, a un recours à exercer contre ses codébiteurs ; ce droit au recours a toutefois été nié dans le cas de solidarité résultant de l'art. 55, sous prétexte que l'idée de crime ou de délit exclut toute association licite entre codélinquants (Loi 1, § 14, *de tut. et rat.*), et par suite empêche tout recours réciproque.

La plupart des auteurs croient, au contraire, que même un délinquant, tenu solidairement aux termes de l'art. 55, pourra recourir contre ses codélinquants, non point en vertu de l'action *pro socio*, mais en vertu de l'action *negotiorum gestorum :* celui des condamnés qui paye la dette entière, éteignant une dette commune, et n'ayant pas eu l'intention de gratifier ses complices, il est équitable qu'il soit indemnisé par eux. D'ailleurs, si on ne lui accordait pas de recours, les codélinquants resteraient impunis, ce qui serait contraire à tous les principes en matière de répression.

CHAPITRE HUITIÈME

Des Obligations in solidum.

§ I.

De même qu'en Droit Romain nous avons trouvé des obligations corréales parfaites et imparfaites, de même, il faut reconnaître dans notre Droit, à côté des obligations solidaires proprement dites, auxquelles toutes les règles des art. 1197 et suivants sont applicables, des obligations *in solidum* qui n'ont de commun avec elles que ce seul point, d'obliger tous ceux qui en sont tenus, chacun pour le tout, de telle sorte que le paiement fait par l'un d'eux libère tous les autres. Mais il n'y a pas entre les débiteurs *in solidum*, comme entre les débiteurs solidaires, ce mandat réciproque qui donne naissance à cet ensemble de règles que nous avons étudiées à propos de la solidarité conventionnelle.

A prendre à la lettre certains auteurs sur la question qui nous occupe (Laromb., Merl.), et un grand nombre d'arrêts (Cass., 29 janv. 1840, 29 déc. 1852), il semblerait que la distinction que nous faisons entre l'obligation soli-

daire et l'obligation *in solidum* n'existe pas, et que, toutes
les fois que plusieurs débiteurs seront tenus d'une même
dette pour le tout, il y aura lieu à la solidarité parfaite.
Mais il faut, croyons-nous, voir chez ces auteurs et dans ces
arrêts un abus de langage, et considérer l'expression solidaire qu'ils emploient comme la traduction du mot latin
in solidum, car l'art. 1202, qui déclare que la solidarité
ne se présume point, est une objection insurmontable
contre le système des Jurisconsultes que nous combattons, qui veulent voir en dehors de la solidarité stipulée
ou légale, une véritable solidarité, et qui croient notamment qu'un jugement peut la créer. (Aubry et Rau, t. 4,
§ 298 *ter*, note 8.)

§ II.

Sources des Obligations in solidum.

Tandis que l'obligation solidaire dérive, soit d'une
convention, soit de la Loi (1202), l'obligation *in solidum*
puise en elle-même sa raison d'être, c'est-à-dire qu'elle
dérive de la nature même de la convention ou du fait
qui y donne naissance. Il y a, par exemple, obligation
in solidum, dans tous les cas de délits civils et de quasi-
délits énumérés par les art. 1382 et suivants, lorsque
plusieurs personnes y ont participé; cela résulte, en
effet, de l'obligation dans laquelle se trouve celui qui a
causé un dommage, de le réparer pour le tout, et de l'impossibilité d'admettre que la responsabilité de l'auteur
d'un fait préjudiciable puisse diminuer, par suite de cette
circonstance, que plusieurs y auront concouru (Rod.,

§ 50 ; C. de Sant.,§ 135 *bis* 3; Marc., 1202, § 2 ; Demol., § 295 ; Dall., *Oblig.*, § 1483).

L'obligation *in solidum* peut aussi résulter de certains contrats ou quasi-contrats : lorsque, par exemple, plusieurs personnes auront été constituées mandataires pour la même affaire, chacune répondra *in solidum* de l'exécution du mandat.

Les sources de l'obligation *in solidum* sont, du reste, variées, et il est impossible de toutes les énumérer. Disons seulement qu'elle naîtra, chaque fois que, pour une cause ou une autre, plusieurs personnes, sans être tenues solidairement, seront obligées au paiement d'une même dette, bien qu'elle se divise de plein droit entre eux. (Rod., § 169.)

§ III.

Dans les rapports des débiteurs avec le créancier, il y a un intérêt capital à distinguer si l'obligation est solidaire ou *in solidum*. Dans l'obligation solidaire, tous les obligés étant mandataires les uns des autres, et formant une société, les actes faits par un seul d'entre eux profitent le plus souvent, ainsi que nous l'avons vu, et nuisent à tous. Dans l'obligation *in solidum*, au contraire, les obligations des divers débiteurs n'étant que juxtaposées, et n'étant reliées entre elles ni par la Loi, ni par la convention, et les débiteurs n'ayant aucunement le droit de se représenter les uns les autres, il en résultera que les art. 1205, 1206, 1207, 1285, 1365 et 2249, etc., ne seront plus applicables ; de même, par analogie, le jugement rendu en faveur ou contre l'un des débiteurs *in solidum* devra être étranger aux autres.

§ IV.

Dans les rapports des codébiteurs entre eux, les différences entre l'obligation solidaire et l'obligation *in solidum* sont également considérables. Les débiteurs solidaires sont, en effet, entre eux, dans les relations d'associés, de mandants et mandataires, et celui d'entre eux qui a payé toute la dette, a le droit de recourir contre les autres pour leur part virile (1213) par l'action *pro socio, mandati, etc.* Les codébiteurs *in solidum* sont, au contraire, étrangers les uns aux autres, et l'obligation de chacun est distincte. Aussi, celui auquel le créancier demande le paiement intégral de l'obligation, peut n'avoir aucun recours contre ses coobligés ; néanmoins, le plus souvent il pourra recourir contre eux, soit en vertu d'une sorte de contrat de gestion d'affaire, soit en vertu du principe général qui ne permet à personne de s'enrichir aux dépens d'autrui. Mais quand il y a lieu à un recours, il ne se fait plus de plein droit par part virile, comme dans la solidarité proprement dite (1213); il ne se fera ainsi qu'autant que les tribunaux n'auront pas trouvé dans les circonstances de la cause d'élément plus équitable de répartition. (Demol., § 309 ; Rod., § 175.)

CHAPITRE NEUVIÈME

De la nature de la Solidarité légale. Y a-t-il une Solidarité parfaite et une solidarité imparfaite?

Nous venons de voir par ce qui précède qu'il y a, à côté de la solidarité proprement dite ou parfaite, des obligations *in solidum*, ou une solidarité imparfaite dont les règles sont différentes.

Il nous reste à examiner quelle est la nature exacte de la solidarité légale, si les règles des art. 1205 et suivants, qui dans la matière de la solidarité conventionnelle ont pour raison d'être l'espèce de société qui existe entre les débiteurs solidaires, sont applicables toutes les fois que la Loi établit elle-même la solidarité entre les coobligés.

La Jurisprudence et un grand parti dans la doctrine, soutenant que le principe de la solidarité parfaite se justifie par l'idée d'association et de mandat qui existe entre les codébiteurs, ne voient qu'une simple obligation *in solidum* lorsque cette idée fait défaut; toutes les fois, par consé·

quent, que la Loi aura admis la solidarité entre personnes ne se connaissant pas, n'étant qu'accidentellement codébitrices, n'ayant entre elles que des rapports fort rares, il n'y aura, soutient-on, dans ce premier système, qu'une solidarité imparfaite.

Ainsi les différents locataires d'une même maison seraient tenus solidairement de réparer les dommages causés par l'incendie, en ce sens seulement que chacun pourrait être actionné pour le tout; mais ils ne seraient pas de véritables obligés solidaires, parce qu'ils ne sont pas représentants les uns des autres ; un tel mandat ne saurait se supposer entre personnes qui peuvent ne pas même se connaître. On devrait en dire autant de la solidarité existant soit entre les différents signataires d'une lettre de change, ou d'un billet à ordre, soit entre personnes condamnées pour le même crime ou le même délit. (55, du C. P.) (Mourlon, Rod., Brav. et Demang., Dall., Aubr. et Rau.)

MM. Aubry et Rau professent ce système (§ 298 *ter*), et reconnaissent que parmi les dispositions de la Loi, les unes constituent par elles-mêmes une solidarité parfaite, et que les autres, telles que celles écrites dans les art. 598, 1142, 1734 du C. C. et 56 du C. P., ne constituent qu'une solidarité imparfaite ; mais, ajoutent-ils, dès qu'une condamnation judiciaire est intervenue et a été prononcée solidairement dans les cas de solidarité imparfaite, toute les règles de la solidarité parfaite deviennent applicables.

Il faut à notre avis, si l'on admet ce premier système, écarter le correctif qu'y font MM. Aubry et Rau, comme peu justifiable. Le point de savoir si le jugement crée la corréalité proprement dite en Droit Romain était vivement controversé parmi les commentateurs ;

dans notre Droit, où le jugement n'emporte plus novation, où il ne crée pas un état de choses nouveau, où il
ne fait que reconnaître et confirmer un droit préexistant,
le doute semble n'être plus possible : comment un jugement pourrait-il changer le caractère du droit qu'il
constate et créer une solidarité que la Loi n'a déclaré
ne pouvoir être que conventionnelle ou légale (1202)?
Ajoutons que cette société, ce mandat réciproque entre
coobligés qui, au dire de MM. Aubry et Rau eux-
mêmes, constitue la base de toute solidarité parfaite,
tellement que lorsqu'elle leur paraît ne point exister,
dans les cas où la Loi elle-même crée la solidarité, ils ne
reconnaissent plus qu'une obligation *in solidum*, ne peut
pas naître d'un jugement, car la convention des parties
peut seule la créer, ou la Loi la supposer.

Dans un deuxième système, qui tend à prévaloir aujourd'hui, dans la doctrine, on ne distingue pas lorsque
la Loi prononce la solidarité, une solidarité parfaite et
une solidarité imparfaite ; on n'en reconnaît qu'une
seule, celle dont le législateur a posé les règles dans les
art. 1200 et suivants.

Obligé de prendre parti sur cette question si délicate,
de la solidarité parfaite et imparfaite, nous admettrons
ce deuxième système, sinon comme le plus équitable, du
moins comme le plus juridique.

On a voulu quelquefois invoquer dans cette question
les précédents historiques, ils ne peuvent, croyons-nous,
jeter que peu de lumière ! Nous ne pouvons pas, en effet,
rechercher la nature de la solidarité légale en Droit
Romain, la solidarité légale étant plutôt une création du
Code Civil. Dans notre ancien Droit, Pothier semble
bien rejeter la distinction de la solidarité parfaite et im-

parfaite, à propos des délits notamment (§ 268), mais nous ne voulons même pas invoquer son opinion à l'appui de notre Thèse, car elle n'est pas assez précise. Le système que nous adoptons trouve sa justification dans notre Droit lui-même; il se fonde sur ce qu'il n'est pas possible d'attribuer un caractère différent aux divers cas de solidarité légale, alors surtout que le législateur a employé ces mêmes expressions : « solidarité, solidaires, solidairement, » dans les diverses dispositions où il l'a établie.

Du reste, l'art. 1202, qui déclare que la solidarité peut être soit conventionnelle, soit légale, permet-il de supposer que la solidarité légale puisse être régie par d'autres règles que celles établies dans la même section, à propos de la solidarité conventionnelle.

On objecte que les dispositions des art. 1205 et suivants, impliquent entre les codébiteurs solidaires des relations de société, de mandat, sans lesquelles elles ne pourraient pas se justifier, et qu'aucune relation de ce genre ne peut être supposée dans plusieurs cas de solidarité légale, notamment entre colocataires (1734) et entre codélinquants. (55 C. P.)

Cette objection n'est nullement concluante, car l'on peut parfaitement admettre que, pour multiplier les garanties du créancier, la Loi lui ait accordé des droits qu'elle consacrait elle-même dans les cas ordinaires de solidarité, et qu'elle se soit plus occupée des dispositions mêmes des art. 1205, 1206, 1207, que des motifs qui les ont fait édicter. (C. de Sant., § 135 *bis* 2.) Le mandat réciproque de la solidarité conventionnelle est remplacé, dans la solidarité légale, par la volonté toute puissante du législateur.

Il y a plus, si l'on examine de près les deux seules hypothèses dans lesquelles le mandat réciproque entre codébiteurs soit sérieusement contesté, la solidarité entre colocataires et celle entre codélinquants, on reconnaît que cette idée d'association, qui fait la base de la solidarité conventionnelle, et que supposent les dispositions des art. 1205 et suivants, n'y fait pas cependant complètement défaut, et que par conséquent il n'y a pas, comme on pourrait le croire, incompatibilité absolue entre les faits que présupposent ces articles et les dispositions des art. 55 du C. P. et 1734 du C. C. Ne peut-on pas, en effet, reconnaître qu'il y a une association entre les coauteurs d'un même crime ou délit, lorsqu'ils se réunissent pour le commettre? Sans doute, il n'y a pas d'association valable, lorsque le but en est immoral ; mais l'immoralité de la convention entraînera la nullité de l'association, en ce sens seulement que les codélinquants ne pourront point en profiter; mais non pas en ce sens, comme le dit fort justement M. Demolombe, «que le législateur, chargé qu'il est de la répression exemplaire de leur méfait commun, ne doive le réprimer précisément d'autant plus qu'il a été le fruit d'une association illicite ! Ne serait-il pas illogique et déplorable que les auteurs d'un méfait fussent mieux traités pour avoir formé une association illicite, que s'ils avaient formé une association licite? (§ 288). »

On peut bien dire aussi, pour les colocataires d'une même maison, qu'ils ne sont pas étrangers les uns aux autres, qu'ils ont accepté, en prenant à bail une partie seulement de l'immeuble, une sorte d'association fondée sur l'art. 1734; et qu'à partir du moment où l'incendie a créé leur responsabilité collective, ils ont été avertis, par la Loi, de ne pas perdre de vue et de conserver, les uns avec les autres, des relations devenues nécessaires. (C. de Sant., § 135 *bis*, 2.)

Ne serait-il pas encore vrai, qu'en supposant même, ce qui n'est point notre avis, toute idée d'association impossible entre colocataires avant l'incendie, elle peut parfaitement bien se supposer après. Tous les jours, l'intérêt réunit des personnes qui ne s'étaient jamais vues, la Loi suppose qu'elles restent en relation, et cette supposition n'est pas purement gratuite, car toutes ne sont-elles pas menacées de payer le tout, et ne faut-il pas qu'elles prennent leurs précautions pour assurer leur recours les unes contre les autres.

Comme dernier argument, nous ferons remarquer que, dans un seul cas, le législateur a reculé devant les effets de la solidarité telle que la Loi l'établit, mais qu'il a fait alors une exception formelle : ce cas est celui de la solidarité en matière de lettre de change. Du moment où la Loi n'établit aucune autre exception aux règles générales de la solidarité conventionnelle, rien ne nous autorise à nous y soustraire.

Du reste, le système que nous combattons est peu juridique ; si l'on passe, en effet, de la théorie à l'application, on tombe nécessairement dans l'arbitraire. Il faut, dit-on, pour que la solidarité soit parfaite, que les codébiteurs « aient entre eux des rapports très-fréquents ! » (Mourlon.) Mais où trouver la mesure exacte de ces rapports ? Aussi les partisans de ce système se divisent-ils dans l'application qu'ils en font ; les uns croient qu'il peut y avoir solidarité parfaite, seulement lorsque la solidarité était dans l'intention des parties, dans les cas, par exemple, des art. 2002 et 1887 ; d'autres, allant plus loin, reconnaissent une vraie solidarité toutes les fois que les parties se sont connues; par conséquent entre la mère remariée et son second mari, entre les exécuteurs testamentaires, entre la veuve et le subrogé-tuteur. (395, 1033, 1442.) Mourlon, *Contrà* Aubry et Rau, § 298 *ter*.

D'accord sur le principe de la solidarité parfaite et im-parfaite, les Jurisconsultes se divisent quand il faut clas-ser chaque cas de solidarité légale, dans l'une ou l'autre de ces deux solidarités. Comment donc ne pas voir que ce système est on ne peut plus arbitraire, et comment douter que ce désaccord ne prouve que, dans cette ques-tion, l'interprète veut se substituer au législateur.

Nous venons de voir par ce qui précède que les Juris-consultes qui admettent dans la solidarité légale tantôt une solidarité parfaite, tantôt une solidarité imparfaite, ont le tort de ne pas vouloir reconnaître, selon nous, la solidarité parfaite dans les cas où elle existe. Quelques auteurs, et surtout la Jurisprudence, font plus, ils recon-naissent par contre la solidarité parfaite là où elle n'existe nullement, lorsqu'ils déclarent solidaires les coauteurs d'un délit ou quasi-délit civil. (Cass., 29 janv. 1840, 29 déc. 1852, 16 août 1867, Laromb.)

Ce mandat réciproque qui doit, dit-on, exister entre codébiteurs solidaires, pour qu'il y ait solidarité parfaite, existe-t-il donc plus entre coauteurs d'un délit civil qu'entre colocataires ou codélinquants? Evidemment non.

Disons-le en terminant, la distinction de la solidarité légale en parfaite et imparfaite est contraire au texte de la Loi; aussi, devient-elle fatalement arbitraire, et ses partisans se divisent eux-mêmes dans l'application qu'ils en font.

La solidarité conventionelle ou légale sera donc toujours une solidarité parfaite. (Demol., C. de Sant., Laromb., Marcadé.)

POSITIONS

—

DROIT ROMAIN.

I. La stipulation ne peut donner naissance à l'obligation corréale que si l'on observe les formes tracées par les *Institutes*. (Inst., *Pr.*, *de duob. reis* III, 16.)

II. La corréalité parfaite peut naître soit d'un contrat de droit strict, soit d'un contrat de bonne foi, si l'on y joint un pacte qui crée la corréalité expressément.

III. La novation faite par l'un des *correi stipulandi* éteindra la créance commune.

IV. La *mora* et le *factum* de l'un des *correi* ne produisent pas les mêmes effets.

V. Les *correi promittendi* proprement dits, jouissent du bénéfice *cedendarum actionum*.

VI. La *Novelle* 99 ne s'applique pas à tous les *correi debendi*.

DROIT CIVIL.

I. Les jugements rendus en faveur de plusieurs créanciers ou débiteurs solidaires ou contre eux, profitent ou nuisent à tous.

II. La compensation est une exception purement personnelle.

III. L'art. 2037 ne s'applique pas au débiteur solidaire.

IV. Ce n'est pas le débiteur auquel on a fait remise de la solidarité qui doit supporter la perte résultant de l'insolvabilité de ses codébiteurs.

V. L'art. 2002 ne s'applique pas aux matières commerciales.

DROIT CRIMINEL.

I. La solidarité qui résulte de l'art. 55 du C. Pénal est un cas de solidarité parfaite.

II. Dans le cas de l'art. 55, le délinquant qui aura payé toute la dette aura un recours contre ses codélinquants.

III. La solidarité n'existe pas entre les individus condamnés pénalement et ceux qui ne seraient condamnés qu'à des réparations civiles.

DROIT ADMINISTRATIF.

I. Il n'y a pas condamnation solidaire contre les co-auteurs d'une contravention de grande voirie.

II. Il n'y a pas présomption que l'usinier soit propriétaire du canal d'amener.

III. Le droit de préemption accordé par la Loi du 16 sept. 1807 est un droit réel.

Vu :

Le Doyen,

CARLES.

Vu et permis d'imprimer :

Le Recteur de l'Académie d'Aix,
Commandeur de la Légion d'honneur,

Ch. ZÉVORT.

TABLE

DROIT ROMAIN

NOTIONS GÉNÉRALES.   1

CHAPITRE PREMIER. — Section Première. — Caractères distinctifs de l'obligation corréale.   3

Section Deuxième. — Différence entre l'obligation corréale et l'obligation solidaire.   6

CHAPITRE DEUXIÈME. — Sources des obligations corréales et solidaires.   10

Section Première. — Sources de l'obligation corréale.   10

    § I. — Des contrats de droit strict.   11

       De la stipulation.   11

       De l'expensilatio.   16

       Du mutuum.   18

    § II. — Des contrats de bonne foi.   20

    § III. — Des obligations *quasi ex contractu.*   24

    § IV. — Du jugement.   26

Section Deuxième. — Sources de l'obligation solidaire.   26

    § I.   — Délits et quasi-délits.   26

    § II.   — Contrats et quasi-contrats.   28

    § III. — *Actiones adjectitiæ qualitatis.*   29

CHAPITRE TROISIÈME. — Des effets de la corréalité.   30

Section Première. — Modes d'extinction des obligations absolus ou *in rem.*   31

    § I.   — Du paiement.   31

    § II.   — De l'*acceptilatio.*   33

    § III. — De la novation.   34

    § IV.   — De la *litis contestatio.*   39

    § V.   — Du pacte de *constitut.*   46

    § VI.   — Du serment.   48

    § VII. — Du jugement.   50

    § VIII. — De la prescription.   52

Section Deuxième. — Modes d'extinction de l'obligation corréale ayant un caractère mixte.   52

    § I.   — De la compensation.   53

    § II.   — De la confusion.   55

    § III. — *Pactum de non petendo.*   57

    § IV.   — Du legs de libération.   60

    § V.   — Du compromis.   62

    § VI.   — De la transaction.   63

Section Troisième — Modes d'extinction de l'obligation corréale relatifs ou *in personam.*   64

    § I.   — De la *capitis deminutio.*   64

    § II.   — De l'*in integrum restitutio.*   65

    § III. — De la prescription.   67

    § IV.   — De la perte de la chose.   67

CHAPITRE QUATRIÈME. — Des effets de la corréalité imparfaite, ou de la solidarité dans les rapports des débiteurs vis-à-vis du créancier commun.   72

SECTION PREMIÈRE. — Modes d'extinction de la corréalité imparfaite, absolus ou *in rem*.   72

SECTION DEUXIÈME. — Modes d'extinction relatifs ou
in personam.   73

     § I. —   74
     § II. —   75
     § III. —   76

CHAPITRE CINQUIÈME. — Rapports des *correi*
entre eux.   77

     § I. — Action *pro socio*.   78
     § II. — Actions *communi dividundo* et *fa-
miliæ erciscundæ*.   78
     § III. — Action *mandati*.   79
     § IV. — Action *negotiorum gestorum*.   80
     § V. — I. Du bénéfice *cedendarum actio-
num* (Corréalité imparfaite).   83
         II. (Corréalité parfaite).   86
     § VI. — De la cession feinte.   91

CHAPITRE SIXIÈME. — Du bénéfice de division.   95

APPENDICE.   101

DROIT FRANÇAIS

INTRODUCTION.   105

NOTIONS GÉNÉRALES.   107

CHAPITRE PREMIER. — De la solidarité entre créanciers.   110

SECTION PREMIÈRE. — Son caractère et ses sources.   110

SECTION DEUXIÈME. — Des effets de la solidarité dans les rapports des cocréanciers entre eux   113

SECTION TROISIÈME. — Effets de la solidarité dans les rapports des créanciers avec le débiteur commun.   115

CHAPITRE DEUXIÈME. — De la solidarité entre débiteurs   129

SECTION PREMIÈRE. — Son caractère.   129

SECTION DEUXIÈME. — Comment établit-on la solidarité passive?   133

CHAPITRE TROISIÈME. — Solidarité conventionnelle ou testamentaire. Des rapports des codébiteurs avec le créancier.   136

SECTION PREMIÈRE. — Droit de poursuite du créancier.   136

SECTION DEUXIÈME. — De la responsabilité qui incombe aux codébiteurs par suite de la modification ou de l'extension de l'obligation solidaire.   140

— 233 —

Section Troisième. — Des moyens de défense à opposer aux poursuites du créancier. ... 147

§ I. — Paiement. ... 148

§ II. — Novation. ... 149

§ III. — Remise. ... 152

§ IV. — Jugement. ... 155

§ V. — Serment. ... 157

§ VI. — Transaction. ... 158

§ VII. — Perte de la chose. ... 159

§ VIII. — Prescription. ... 159

§ IX. — Compensation. ... 160

§ X. — Confusion. ... 163

§ XI. — Nullité ou rescision. ... 154

§ XII. — Condition résolutoire. ... 165

Section Quatrième. — De la remise de la solidarité. ... 166

§ I. — Remise expresse. ... 167

§ II. Remise tacite. ... 172

CHAPITRE QUATRIÈME. — De la cession d'action. ... 174

CHAPITRE CINQUIÈME. — De la solidarité dans les rapports des codébiteurs entre eux. ... 179

§ I. — ... 179

§ II. — ... 184

§ III. — ... 186

CHAPITRE SIXIÈME. — Des cautions solidaires. ... 188

§ I. — ... 188

§ II. — Rapports des cautions solidaires avec les obligés principaux. ... 189

§ III. — Des rapports des cautions solidaires avec le créancier. ... 189

CHAPITRE SEPTIÈME. — De la solidarité légale.   194

SECTION PREMIÈRE. — Des différents cas de solidarité
    légale en droit civil.   194
    § I.   —   Art. 395 et 396.   194
    § II.   —   Art. 1033.   196
    § III.   —   Art. 1442.   197
    § IV.   —   Art. 1734.   198
    § V.   —   Art. 1887.   201
    § VI.   —   Art. 2002.   201

SECTION DEUXIÈME. — De la solidarité en matière
    commerciale.   204
    § I.   —   204
    § II.   —   Sociétés.   206
    § III.   —   Commissionnaires.   209
    § IV.   —   Lettre de change.   210

SECTION TROISIÈME. — De la solidarité en matière
    criminelle.   211

CHAPITRE HUITIÈME. — Des obligations *in solidum*.   214
    § I.   —   214
    § II.   —   Sources des obligations *in solidum*.   215
    § III.   —   Rapports du créancier avec les
        débiteurs.   216
    § IV.   —   Rapports des codébiteurs entre eux.   217

CHAPITRE NEUVIÈME. — De la nature de la soli-
    darité légale.   218

LYON. — IMPRIMERIE DE J. B. PÉLAGAUD.